# L'ART
## DU
# FABRIQUANT
# D'ÉTOFFES DE SOIE.

*TROISIEME ET QUATRIEME SECTIONS,*

CONTENANT

L'Art du Plieur de Chaînes & Poils pour les Étoffes de Soie unies, rayées & façonnées ; & celui de faire les Canettes pour les Étoffes de Soie, & les Espolins pour brocher.

*Par M. PAULET, Dessinateur & Fabriquant en Étoffes de Soie de la Ville de Nîmes.*

M. DCC. LXXIII.

# EXTRAIT DES REGISTRES
## DE L'ACADÉMIE ROYALE DES SCIENCES.

*Du 2 Septembre 1772.*

NOUS avons examiné, par ordre de l'Académie, les deuxieme, troisieme & quatrieme Parties de l'*Art de fabriquer les Etoffes en soie*, par M. PAULET.

La seconde Partie est un Traité de l'*Ourdissage*. L'Auteur entre dans un grand détail sur les principales Machines employées à cette opération dans les différentes Villes de Manufactures, & il discute soigneusement leurs avantages & leurs inconvénients. Ces Machines sont les *Ourdissoirs* & les *Cantres*. La Cantre est la piece sur laquelle sont arrangés tous les *Rochets* ou bobines sur lesquelles on a commencé par devider la soie; & l'Ourdissoir est l'instrument sur lequel on la devide de nouveau dans un ordre qui est proprement la science de l'*Ourdissage*.

M. PAULET décrit l'*Ourdissoir long* & l'*Ourdissoir rond*, les *Cantres droites & couchées*, les *Jets*, qui sont des especes de Cantres, &c; & il donne les différentes manieres d'employer toutes ces Machines.

L'ordre selon lequel il faut arranger les Rochets chargés de soie de différentes couleurs sur les Cantres, pour ourdir les *Chaînes* ou les *Poils* d'une Rayûre déterminée, étant un point essentiel de cette partie de l'Art, l'Auteur en fait un Chapitre fort étendu, dans lequel il préfere, avec raison, les exemples aux préceptes. Il transcrit plusieurs *Ordonnances d'Encantrage & d'Ourdissage*, telles que les Fabriquants les donnent aux Ouvriers; & il se borne à les accompagner d'une explication, & à y joindre les remarques nécessaires.

Cette Partie est terminée par un Chapitre sur la Méthode d'ourdir les *Chaînes* ou les *Poils* en or & en argent.

La troisieme Partie contient l'Art du *Pliage*, ou l'Art de distribuer convenablement sur un *Ensuple*, ou sur le rouleau qui est à l'extrémité du Métier, les *Chaînes* telles qu'elles sortent de l'opération de l'Ourdissage. On y emploie différentes Machines ou Ustensiles, comme un *Chevalet*, une *Lanterne* ou *Tambour*, un *Rateau*, *&c.* & chaque Ville a ses usages à cet égard. M. PAULET décrit les principales d'entre ces différentes Machines, & analyse les différentes méthodes. Cette Partie a beaucoup moins d'étendue que la précédente, parce que les opérations qu'on y traite sont beaucoup moins compliquées.

La quatrieme Partie, qui est encore moins étendue, est l'Art de faire les *Canettes* pour la trame, & les *Espolins* pour brocher. Ce sont des especes de bobines faites pour être insérées dans les Navettes: on a un ustensile nommé *Doubloir*, pour supporter les Rochets d'où l'on devide la soie sur ces Canettes ou Espolins; & l'on a aussi des Rouets d'une construction particuliere adaptée à ce travail. L'Auteur en donne la description & en expose l'usage.

Ces trois Parties de l'Art de fabriquer les Étoffes en soie, sont destinées, par l'Auteur, à servir de suite à l'*Art du Devidage*, qu'il va publier incessamment avec l'Approbation de l'Académie. M. PAULET nous paroît avoir beaucoup d'expérience dans l'Art qu'il a entrepris de traiter ; & c'est une qualité si essentielle pour le bien décrire, qu'elle peut compenser ce qui lui manque des qualités de l'Homme de Lettres. Son Ouvrage sera intéressant pour les Gens du Métier, & plus que suffisant pour en instruire les autres ; c'est pourquoi nous pensons que l'Académie peut lui permettre de faire imprimer cette suite sous son Privilége, & comme faisant partie de la Description des Arts qu'elle a entrepris de publier. *Signé*, VANDERMONDE & DE VAUCANSON.

*Je certifie l'Extrait ci-dessus conforme à son original & au jugement de l'Académie. A Paris, le* 3 *Septembre* 1772.

GRANDJEAN DE FOUCHY,

Secrétaire perpétuel de l'Académie Royale des Sciences.

L'ART

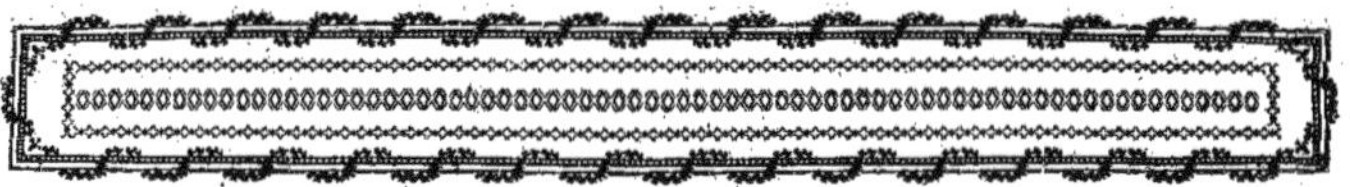

# L'ART DU FABRIQUANT D'ÉTOFFES DE SOIE.

*Par M. Paulet, Dessinateur & Fabriquant en Étoffes de Soie de la Ville de Nîmes.*

## TROISIEME PARTIE.

*Art du Plieur de Chaînes & Poils, pour les Étoffes de Soie unies, rayées & façonnées.*

## *INTRODUCTION.*

L'opération qui, dans la Fabrique des Étoffes de soie, suit immédiatement l'Ourdissage, est le Pliage des Chaînes qu'on vient d'ourdir.

On a vu, dans le Traité de l'Ourdissage, qu'on compte la valeur des Chaînes par portées & par musettes; on doit se rappeller aussi qu'une portée vaut deux musettes, & que cette portée, qui est toujours fixe à l'égard du Fabriquant, ne l'est jamais à l'égard de l'Ourdisseur qui la détermine par le nombre de rochets avec lequel il veut, peut ou doit ourdir.

Pour plier les Chaînes & les Poils, il faut nécessairement en diviser par ordre soit les portées, soit les musettes; & c'est toujours le nombre de celles qui ont été déterminées dans l'Ourdissage qu'il faut suivre, sans avoir égard au nombre de fils dont chacune est composée.

Dans la division de ces portées ou musettes, on a soin de les placer les unes à côté des autres sur un rouleau de bois, qu'en terme de Manufacture on nomme *Ensuple* ou *Ensouple.* On aura occasion de voir par la suite que cet instrument est un des principaux ustensiles qui servent à la fabrication des Étoffes de soie.

Quoiqu'il ſemble que chaque Ville de Manufacture ait une méthode particuliere pour plier les Chaînes, cependant cette différence ne conſiſte que dans les diverſes machines qu'on emploie à cet uſage.

Parmi toutes ces machines, on ne ſauroit nier qu'il n'y en ait de préférables, tant pour leur perfection, que pour la célérité qu'elles procurent.

Je me crois obligé de donner une idée de chaque méthode, & de rapporter l'uſage de toutes les machines qu'on emploie pour chacune; je me permettrai quelquefois d'en faire obſerver les défauts, mais je ne manquerai pas d'en faire ſentir les avantages: c'eſt au Lecteur à donner la préférence à celle qu'il croira la mériter.

Comme depuis pluſieurs années je me ſuis occupé du projet dont j'oſe entreprendre aujourd'hui l'exécution, j'ai parcouru les différentes Villes de Manufactures, tant pour connoître à fond l'objet dont je m'occupois dès-lors, que pour pouvoir comparer les connoiſſances que j'ai priſes dans la Ville à laquelle je dois ma naiſſance, avec les procédés qu'on emploie dans toutes les autres, & offrir au Public une critique judicieuſe & impartiale de ce que chacune offre d'avantages & de défauts.

---

## CHAPITRE PREMIER.

### *Deſcription du Pliage des Chaînes; des Machines qu'on y emploie, tant à Paris que dans les autres Villes de Manufactures, & de la maniere de s'en ſervir: raiſon de cette différence d'uſages.*

### SECTION PREMIERE.

#### *Deſcription du Pliage.*

Le Pliage eſt l'Art de diſtribuer ſur un *Enſuple* les portées ou muſettes dont les chaînes ont été compoſées au moyen de l'ourdiſſage. On a vu que chaque portée ou muſette ſe couchant ſur l'ourdiſſoir, forme un enſemble dans lequel les rayures qui le compoſent (quand c'eſt une chaîne rayée) n'ont aucune diſtinction. L'opération que je vais décrire ſert à placer ſur la longueur de l'Enſuple chaque muſette, & par conſéquent chaque rayure à la place qu'elle doit occuper dans l'étoffe; de maniere que toutes étant ſur l'Enſuple, n'occupent pas en largeur plus de 2 pouces ou environ, de plus que l'étoffe ne doit elle-même avoir de largeur.

Il eſt aiſé de ſentir qu'on ne peut donner d'ordre à toutes ces muſettes & rayures, qu'au moyen de machines propres à faciliter cette opération; ainſi il eſt à propos de les détailler à meſure que je décrirai chaque procédé particulier.

Comme la méthode de Paris est différente des autres, j'ai présenté à part, dans les trois premieres Planches, tout ce qui la concerne; & c'est par-là que je commencerai ma description.

L'ordre dans lequel je vais donner les noms de chaque ustensile, & que je suivrai dans l'explication, est celui que chacun tient dans l'opération.

La Lanterne sur son Chevalet, le Compasteur, les Porte-rateaux, le Rateau, les Cabres sur lesquels on place les Ensuples; enfin les Ensuples sur lesquels on roule les chaînes au moyen d'un levier ou cheville de bois, ainsi qu'on va le voir.

## SECTION SECONDE.

### *Du Chevalet & de la Lanterne.*

PLANCHES 1 & 2.

LA Figure 1, *Pl.* I, représente le Chevalet tout monté, avec sa lanterne; toutes les pieces séparées sont partie dans cette Planche & partie dans la seconde.

La Figure 4, *Pl.* I, représente un fort bâtis de bois de chêne, formé par deux pieces *A*, *A*, assemblées solidement au moyen de quatre traverses *B*, *B*, *B*, *B*. Sur l'épaisseur de ces deux jumelles *A*, *A*, sont deux mortaises à chacune, qui reçoivent deux forts montants *C*, *C*, retenus contre l'effort de devant & de derriere par les deux arc-boutants *D*, *D*; l'écartement de ces deux montants est aussi retenu par la traverse *E*, qui s'y assemble solidement, de maniere que toute cette machine puisse résister aux efforts multipliés qu'on lui fait éprouver. Au haut des deux montants *C*, *C*, est une entaille arrondie dans sa partie inférieure, pour l'usage qu'on va expliquer.

La Lanterne qu'on voit sur le Chevalet, est représentée à part, *fig.* 1, *Pl.* II, avec les pieces qui la composent.

Sur le plat des deux poulies *G*, *G*, d'un diametre à volonté, on perce 6 trous à égale distance du centre, & dans un même écartement respectif: chacun de ces trous reçoit le tenon d'un des 6 fuseaux pareils à celui *H*, au moyen de quoi, quand ils sont en place, on a une espece de cylindre à claire-voie *fig.* 1; mais avant de mettre la seconde poulie, on fixe au centre de chacune, qu'on a équarri, les tenons quarrés *a*, *b*, de l'arbre *A*, dont le corps, qui est de la longueur exacte des 6 fuseaux sans leurs tenons, peut être indifféremment rond, quarré ou à pans. Aux deux bouts de cette Lanterne, sont les deux collets *c*, *d*, de l'arbre, qu'on a eu soin de faire sur le tour, & par où elle repose dans le fond des entailles des montants du Chevalet; il faut aussi avoir soin de réserver à un des bouts de l'arbre une partie méplatte *e*, qui reçoit la mortaise *f*, de la manivelle *I*. Telle est la Lanterne qu'on voit sur le Chevalet; & comme on a besoin d'en diminuer la vîtesse quand elle tourne, ce qu'on ne peut opérer que par un dur frottement, on pratique sur l'épaisseur de chaque poulie une rainure circulaire, comme on voit en *K*, qui représente cette poulie de profil. On y passe une corde qui y fait presque deux tours, *fig.* 1 & 2, *Pl.* I, dont un bout est fixé à un fort piton à vis sur la base du Chevalet, & l'autre est garni d'un crochet de fer auquel on suspend un contre-poids plus ou moins lourd, selon le besoin.

Il y a des Ouvriers qui préferent la Lanterne qu'on voit *fig.* 2, *Pl.* II: voici comment elle est faite.

On forme sur le tour un cylindre *L*, aux deux bouts duquel, coupés à angles droits, & même un peu en rentrant, on réserve un tenon quarré *g g*, qui entre dans le trou des poulies, & dont la longueur est égale à leur épaisseur; ensuite est un collet pareil & au même usage qu'à l'autre Lanterne: enfin à l'un des bouts est un tenon méplat, pour placer la manivelle. On fixe les poulies contre le corps du cylindre, on le place sur le Chevalet, & on s'en sert de même que de la précédente Lanterne.

On a représenté, *fig.* 2, *Pl.* I, la figure que décrit la corde quand elle est sur la poulie de la Lanterne; à un de ses bouts est un contre-poids *C*, & l'autre est fixé à un piton *D*.

Quoique ces deux Lanternes soient destinées au même usage, il est certain que celle à claire-voie est préférable à l'autre: on en donnera plus bas les raisons. Chacune a au milieu, soit de l'axe, soit du cylindre, un crochet de fer auquel on attache le bout de la chaîne qu'on veut plier; & pour ménager davantage la soie, on a soin de polir, autant qu'on le peut, toutes les piéces qui composent l'une & l'autre.

Quand on veut se servir du Chevalet, on place son côté *X* contre un mur; & on l'y arrête soit avec des cordes, soit avec des crochets scellés dans la muraille, soit enfin en mettant sur le devant de la base *Y*, des pattes de fer dans le plancher, ou en la chargeant de pierres, pour résister à l'effort de la chaîne qui attireroit en devant toute la machine.

## SECTION TROISIEME.

### *Description des Cabres.*

PLANCHE 3.

ON nomme *Cabres*, deux especes de treteaux sur lesquels repose l'Ensuple lorsqu'on roule la chaîne dessus, ainsi qu'on le verra dans la suite.

On se sert de deux Cabres pareilles à celle qu'on voit *fig.* 1, *Pl.* III, dont nous allons donner la description.

Sur une piece de bois *A*, servant de base, s'éleve un montant *B*, assemblé au milieu à tenon & mortaise, & retenu par les deux arc-boutants *C*, *C*, ce qui forme le pied de la Cabre.

Au haut de ce montant est un grand tenon d'environ 10 pouces de long, qui entre dans une mortaise pratiquée vers un des bouts d'une longue piece de bois qu'on y voit placée.

Cette piece de bois *D*, est l'arc-boutant, d'environ 6 pieds de long, ayant, vers

vers un de ses bouts, une mortaise plus longue qu'il ne faut, pour recevoir le tenon du montant *B*, & dont on va faire connoître l'usage; l'autre bout de l'arc-boutant est coupé parallélement au plancher sur lequel il pose, & où on l'arrête au moyen d'un clou qu'on y enfonce solidement: c'est dans l'angle extérieur formé par le montant du pied de la cabre & l'arc-boutant, qu'on place l'ensuple. Voyons maintenant à quoi sert le surplus de la grande mortaise.

Au bout inférieur de deux montants, comme *E*, *E*, est pratiquée une entaille qui forme un tenon capable de remplir la mortaise & de tenir solidement: à l'autre extrémité est une entaille telle qu'on la voit, & dans laquelle on place les rateaux. Telles sont les machines qu'on nomme *Cabres*, dont nous détaillerons l'usage, & que quelques Ouvriers fixent par terre au bout *F*, par le moyen d'une traverse de bois *G*, qu'ils attachent sur le plancher.

## SECTION QUATRIÈME.

### *Description de l'Ensuple* ou *Ensouple.*

ON appelle *Ensuple* ou *Ensouple*, un rouleau de bois qui, quelquefois, a des tenons à ses extrémités, & souvent aussi n'en a pas, sur lequel on roule une chaîne, & dont la forme varie considérablement. PLANCHE 2.

La Figure 3, *Pl.* II, représente un Ensuple tout uni à tenons de bois; la Figure 4 en représente un autre pareil, à tenons de fer, qu'on fait entrer à force au centre à chaque bout. La Figure 5 est encore un autre Ensuple à tenons de bois, pareil au premier, mais à l'un des bouts duquel on a réservé un tenon quarré avec le collet qu'on y voit: c'est sur ce tenon qu'on place la poulie *L*, dont le centre est équarri & y entre juste; & même pour plus de solidité, on l'attache à l'Ensuple au moyen de deux chevilles ou clous, de maniere cependant qu'on puisse les retirer pour ôter la poulie quand il le faut.

La Figure 6, même Planche, est une autre espece d'Ensuple, ayant aussi des tenons de bois, & vers les extrémités duquel sont deux especes de poulies, qui n'excedent le corps de ce rouleau que d'un pouce ou environ.

Tous les Ensuples dont je viens de parler, ont vers leurs extrémités, & sur le corps même, plusieurs trous sur une même ligne circulaire; c'est dans l'un de ces trous qu'on fait entrer un piton, *fig.* 9, dans l'anneau duquel passe la boucle d'une corde fixée solidement au milieu d'un bâton ou levier *a*, *même figure*, au moyen duquel on fait tourner l'Ensuple sur les Cabres, après avoir procuré à la chaîne une tension convenable.

Comme on change souvent ces leviers de place, il est à propos d'arrondir & de polir un peu le corps du piton qui, sans cela, agrandiroit trop vîte les trous, & hâteroit la destruction de l'Ensuple.

La Figure 7 représente un Ensuple sans tenons, auquel on voit aussi des trous pour le faire tourner avec le levier dont il vient d'être parlé.

Enfin la Figure 8 en représente un autre sans tenons aussi; & au lieu de trous pour placer le piton, ce sont deux trous quarrés qui percent l'Ensuple d'outre en outre, & se rencontrent au centre, dans lesquels on place le levier *fig.* 10, jusqu'au milieu de sa longueur, pour faire tourner l'Ensuple, comme on s'en sert pour toutes sortes de Treuils.

On n'a, jusqu'ici, considéré ces Ensuples, que comme des rouleaux; & relativement à la maniere de les faire mouvoir, je vais y faire remarquer une autre propriété.

On voit sur la longueur de chacun d'eux, une rainure *a*, *b*, qui prend depuis un de ses bouts jusqu'à l'autre, dont la profondeur est d'un pouce, & dans laquelle on place une verge ou baguette, qu'on nomme *Compasteur*.

Le Compasteur est une baguette de bois fort unie, de 5 à 6 lignes de diametre, & de toute la longueur de la rainure de l'Ensuple dans laquelle on le place: à l'un de ses bouts est un petit cordon de soie dont on verra plus bas l'usage. Il faut bien se garder de le confondre avec une autre *verge* aussi de bois, qui ne sert qu'à retenir le Compasteur au fond de la rainure de l'Ensuple; au lieu que la destination de celui-ci est de conserver l'ouverture que la derniere des chevilles errantes de l'Ourdissoir a formée au bout de la chaîne, & le cordon de soie qui y est attaché passe dans l'ouverture que l'autre cheville errante a aussi formée, ce qui conserve l'envergeure des musettes. On entrera dans de plus grands détails lors de l'opération du Pliage. La Figure 4, *Pl.* III, représente la coupe d'un Ensuple, dans la rainure duquel on voit au fond le Compasteur *a*; en *c*, la place qu'occupe le cordon de soie dans la séparation des envergeures; en *b*, la verge qui retient le Compasteur en sa place; & en *d*, une partie de l'extrémité de la chaîne.

Par l'inspection de la Figure, il est naturel de craindre que toutes ces baguettes ne soient emportées hors de leur place par la moindre tension de la chaîne; mais auparavant de la tendre, on lui fait faire un tour entier sur l'Ensuple, & par ce moyen les baguettes sont retenues en leur place.

Les Figures 5 & 6, *Pl.* VIII, représentent, d'une maniere plus sensible, la position de toutes ces pieces dans la rainure de l'Ensuple; *B*, est une coupe de l'Ensuple, dont on ne voit que la rainure; *a*, est le Compasteur qui, dans la figure 5, occupe au bout de la chaîne *d*, la place de la derniere cheville errante; *c*, est le cordon de soie qui conserve l'envergeure; & *b*, est la verge qui retient le Compasteur.

Quelques Plieurs pensent que la maniere de placer le Compasteur dans la rainure représentée par la figure 6, *même Planche*, est moins sujette à laisser échapper la chaîne. Voici en quoi elle consiste.

Au lieu de metrre le Compasteur en place de la derniere cheville errante, c'eſt la verge *b* qu'ils y placent ; puis paſſant le cordon de ſoie *c*, dans la place de la premiere, ils mettent le Compaſteur *a* par-deſſus la chaîne, de maniere que quand elle eſt dans la rainure, il ſe trouve enveloppé par la chaîne & placé au fond de cette rainure.

## SECTION CINQUIEME.

### *Deſcription du Rateau.*

PLANCHE 2.

LE Rateau eſt une eſpece de peigne, entre les dents duquel on place toutes les portées ou les muſettes d'une chaîne, pour les diviſer ſuivant la largeur d'une Etoffe. Celui que repréſente la figure 9, *Pl.* II, n'eſt que le bois d'un Rateau dépourvu de ſes dents ; mais on voit la rangée de trous dans leſquels on les place. Aux deux extrémités *a*, *a*, ſont aſſemblées deux palettes ou clefs à angles droits, qui y tiennent ſolidement. Suppoſons pour un inſtant que ce Rateau ſoit garni de toutes ſes dents, quand la chaîne y eſt rangée comme il convient, on ferme le Rateau au moyen de la traverſe, *fig.* 10, aux extrémités de laquelle ſont deux mortaiſes qui reçoivent les palettes *a*, *a*. La vis qu'on voit *fig.* 9, au milieu de ſa longueur, & dont la tête eſt par-deſſous, entre dans un trou pratiqué auſſi au milieu de la traverſe *fig.* 10, & toutes les dents entrent dans autant de trous de trois lignes de profondeur, faits ſur cette traverſe & qui leur correſpondent. La Figure 1, *Pl.* IV, repréſente un Rateau garni de 120 dents, nombre ordinaire ; de ſes deux palettes *a*, *a*, & de la vis du milieu *b* ; plus bas eſt la traverſe qui ſert à le fermer : on y voit les mortaiſes *c*, *c*, qui reçoivent les palettes, les fiches de fer ou de bois *d*, *d*, qui les retiennent, & enfin l'écrou qui l'arrête par le milieu.

Les dents de ces Rateaux ſont ordinairement de fer, de laiton, d'os, ou de bois bien dur, & doivent être très-polies : elles ont environ trois pouces de long ; on a ſoin de les conſerver toujours très-droites, pour rencontrer aiſément les trous auxquels elles appartiennent dans la traverſe ; & pour plus de facilité, les bouts en ſont terminés en pointe émouſſée. Le Rateau qu'on voit ici, eſt dans les proportions de 32 pouces entre les deux palettes. Il eſt à propos d'avertir que la vis ne doit pas être plus groſſe que les autres dents, parce qu'elle fait elle-même l'office d'une de ces dents.

## SECTION SIXIEME.

### *Maniere de plier les Chaînes, & de ſe ſervir des Uſtenſiles dont on vient de parler.*

ON place le chevalet, *Pl.* I, *fig.* 1, garni de ſa lanterne, près de quelque mur, & on l'attache le plus ſolidement qu'il eſt poſſible, ainſi qu'on l'a vu ; on place enſuite les deux cabres, *fig.* 1, *Pl.* III, à l'oppoſite ; de maniere que les bouts des deux arc-boutants qui posent à terre soient tournés du côté du chevalet.

Il faut, pour l'avantage de cette opération, mettre autant de distance entre les cabres & le chevalet, que la grandeur de l'endroit où l'on travaille le permet, pourvu cependant que la chaîne ne se courbe pas par une trop longue étendue. On peut porter cette distance jusqu'à 36 pieds sans rien craindre.

La grandeur des machines dont nous avons à parler, ne permet pas toujours de leur faire tenir l'ordre des Planches ; ainsi, par exemple, on a été obligé de représenter, par la *fig.* 2, *Pl.* VIII, la maniere dont on place les deux cabres pour porter l'ensuple : il faut que le milieu de l'écartement des deux cabres, réponde au milieu de la longueur de la lanterne, & que l'Ensuple lui soit bien parallele ; & pour placer toutes ces pieces plus exactement, on tire une diagonale de l'angle intérieur formé par la rencontre de chaque arc-boutant, avec le pied qui le porte, & à égale longueur on place les deux bouts du pied du chevalet ; par ce moyen on s'assure du parallélisme que je viens de recommander.

Quand cet arrangement est fait, on ôte de dessus la cheville à relever, le bout de la Chaîne qu'on y avoit arrêté en la relevant, on l'attache au crochet du milieu de l'axe de la lanterne ; ensuite le Plieur prend la cheville dans ses deux mains, recule, en la déroulant, aussi loin que la distance du chevalet aux cabres peut le lui permettre, & tient la Chaîne très-tendue ; alors un Ouvrier, placé à côté du chevalet, tourne la lanterne au moyen de la manivelle, & enveloppe la Chaîne dessus à mesure que le Plieur revient sur ses pas vers le chevalet, en conservant toujours la même tension. Lorsqu'il est arrivé contre le chevalet, celui qui tient la manivelle continue de la tenir très-ferme, pendant que le Plieur retourne encore en arriere pour dérouler de dessus la cheville une nouvelle longueur à rouler sur la lanterne, & répete ainsi la même opération jusqu'au bout de la Chaîne.

Pour ne pas multiplier les Planches, ayant à décrire la même opération avec des machines différentes, qui sont représentées dans la Planche X, je prie mes Lecteurs d'y aller voir, *Fig.* 1, la maniere dont ces deux Ouvriers sont occupés à relever une Chaîne sur un *tambour*, au lieu d'une lanterne.

Quand le Plieur est à la derniere longueur de la Chaîne, celui qui tourne la manivelle arrête pour un instant, & place sur les deux poulies de la lanterne, *Pl.* I, *fig.* 1, les cordes *F*, *F*, ainsi qu'on l'a dit ; ( car pendant les opérations elles sont restées par terre de chaque côté ), & enfin suspend au crochet, qui est à l'un de leurs bouts, un contre-poids assez lourd pour empêcher la Chaîne de se dérouler.

On doit se souvenir que les arcs-boutants reçoivent chacun, dans les mortaises qu'on pratique à une de leurs extrémités, outre les tenons des cabres, un des porte-rateaux *E*, *E*, *fig.* 4, *Pl.* VIII ; c'est dans cet instant que le Plieur les y place, & met dans l'entaille qui est au haut, un rateau, *fig.* 1, convenable, par le nombre

de

de ses dents, à la Chaîne ou au *poil* qu'il va plier: il ôte le dessus *c*, *c*, qu'il pose sur le bout des arcs-boutants, pour pouvoir distribuer les portées de la Chaîne dans les dents du rateau.

Quand le rateau est ainsi mis à sa place, le Plieur ôte le bout de la Chaîne de dessus la cheville à relever; il passe sa main dans la derniere séparation de l'envergeure des musettes, puis y place le *compasteur*, il en passe le cordon dans la premiere séparation de la même envergeure, & en arrête le bout à l'autre extrémité du compasteur, de maniere qu'il ne puisse s'échapper. Dans cet état le Plieur se place vis-à-vis de la lanterne, ayant le rateau devant lui, & tenant le compasteur aussi horizontalement qu'il lui est possible de la main gauche, dont en même temps il tient toute la Chaîne: il en divise toutes les musettes, ainsi que les portées, avec la main droite, par le secours des envergeures, & les place par ordre dans les dents du rateau. Cette opération est représentée dans la Planche XI, où, quoique le rateau & le chevalet soient différents, on voit le Plieur assis devant le rateau, tenant le compasteur de la main gauche, & arrangeant les portées avec la main droite. PLANCHE 11.

Quand la répartition des musettes dans le rateau est faite, le Plieur met la traverse par-dessus, puis les chevilles aux deux palettes & la vis au milieu, pour qu'il ne puisse s'ouvrir; & tenant toujours le compasteur, il fait placer sur les cabres un ensuple sans en ôter le rateau, & range les musettes sur le compasteur comme elles le sont dans le rateau; ensuite il place une verge *H*, *Pl.* III, sous le compasteur, & les met l'une & l'autre dans la rainure de l'ensuple, de la maniere qui est représentée dans la figure 4, même Planche, qui est la coupe d'un ensuple, & où *a*, est le compasteur; *c*, est le cordon qui l'y tient; & *b*, est la verge dont on vient de parler: d'autres la placent comme nous avons dit qu'on pouvoit le faire, en expliquant la figure 6, *Pl.* VIII.

On a soin, pour empêcher le bout de la Chaîne de sortir de la rainure, de faire faire tout de suite environ un tour & demi à cette Chaîne sur l'ensuple, & alors la tension qu'elle éprouve, retient toutes ces pieces en leur place; après cela le Plieur ôte le rateau de dessus les porte-rateaux, qu'il retire de leur place: par ce moyen l'ensuple demeure libre sur les cabres. Pendant ce temps-là un autre Ouvrier met une cheville à l'ensuple, d'une des manieres qu'on a vues, & tient la Chaîne tendue; alors le Plieur abandonne le rateau qui est porté par la Chaîne, pour aller régler les contrepoids qu'on avoit mis aux deux cordes sur les poulies de la lanterne.

Cette opération de régler les contre-poids, consiste à en mettre dont la lourdeur puisse tenir la Chaîne tendue, en lui permettant cependant de se dérouler à mesure qu'on tourne l'ensuple.

On ne sauroit déterminer une quantité de poids qui convienne à toutes les Chaînes ou Poils, parce que le nombre de fils dont les unes & les autres sont composés, varient infiniment, & que ces mêmes fils ne sont ni d'une même grosseur ni d'un même apprêt ; d'ailleurs les cordes qui passent sur les poulies de la lanterne, peuvent être plus ou moins grosses & plus ou moins neuves, & par conséquent produire plus ou moins de frottement : c'est à l'intelligence du Plieur à le guider là-dessus.

Il est aisé de sentir que les contre-poids pour opérer une résistance suffisante, ne doivent pas être bien lourds, si l'on fait attention que les cordes sont attachées par un bout sur la base, & que la lanterne se déroule à contre-sens ; ainsi on trouvera qu'avec un contre-poids d'environ une livre, on peut empêcher la lanterne de tourner absolument.

Quand les contre-poids sont ainsi réglés, un des Ouvriers tourne l'ensuple, & pendant ce temps le Plieur tient le rateau de maniere à donner aux portées la largeur que doit avoir l'étoffe à peu-près, en l'agitant tantôt obliquement & tantôt droit, pour dégager les tenues & les accrochements qui se font aux brins de soie, afin que les tiraillements que produit cette opération, ne puissent faire casser aucuns brins. La Planche XII, représente deux Ouvriers occupés à plier une Chaîne, dont l'un *A*, tient le rateau *a*, un peu obliquement, tandis que l'autre *B*, à l'aide de la cheville, fait tourner l'ensuple *C*, sur lequel s'enveloppe la Chaîne E. On peut voir dans cette figure la maniere dont les grands arc-boutants sont arrêtés sur le plancher par des fiches *a*, *a*.

Le Plieur doit avoir grand soin de renouer les fils qu'il casse ou qui se trouvent cassés, & de les placer dans la musette à laquelle ils appartiennent.

Quoique la quantité des dents du rateau, soit la véritable largeur de l'étoffe dont on plie la Chaîne, il est cependant nécessaire de lui faire occuper sur l'ensuple environ 3 pouces de plus que cette largeur dans les premiers tours, & à mesure qu'on avance on diminue cette largeur jusqu'à ce qu'enfin elle n'ait plus que sa largeur naturelle : il est aisé de sentir que les deux bords de cette Chaîne forment sur l'ensuple un talus dont l'effet est d'empêcher la soie de s'ébouler. On peut voir, *fig.* 10 & 11, *Pl.* XI, deux ensuples sur lesquels est une Chaîne ainsi pliée, & dont les bouts sont arrêtés.

La maniere qu'emploie le Plieur pour écarter ainsi la Chaîne sur l'ensuple plus que le rateau ne le permet, est de balancer à droite & à gauche le rateau à mesure que l'autre Ouvrier tourne l'ensuple ; & même il est à propos de mettre dans les deux dents des extrémités plus de soie que dans les autres : ainsi s'il a mis une musette dans toutes les dents du rateau, il mettra dans celles-ci une portée ; par ce moyen ce talus forme en même temps un bourrelet qui retient le reste de la soie, parce que cette partie se roule avec plus de force sur l'ensuple.

Il n'est presque pas possible d'éviter qu'il y ait dans une Chaîne des portées plus longues que les autres, parce que le diametre de l'ourdissoir augmente toujours un peu vers la fin de la Chaîne, malgré le remede qu'y apporte la crémaillere, &c : de-là résulte nécessairement une inégalité de tension lors du pliage ; mais on la corrige en mettant sous les parties plus lâches des feuilles ou demi-feuilles de papier, plus ou moins, à l'aide desquelles on grossit à volonté le diametre de l'ensuple en l'enveloppant plus ou moins, selon le besoin; & même il est rare qu'on ne soit pas obligé d'avoir recours à cet expédient.

Lorsque la Chaîne est pliée, à la derniere longueur près, le crochet de la lanterne auquel on en a attaché le premier bout, avertit qu'on ne peut pas aller plus loin; alors le Plieur décroche cette Chaîne, & l'accroche au crochet *C*, qui est au milieu d'un bâton *b*, *fig.* 3, *Pl.* III, aux extrémités duquel sont deux trous qui reçoivent les bouts d'une assez longue corde, où ils sont fixés par un nœud: le milieu *a*, de cette corde est noué, ainsi qu'on le voit, & forme une boucle qu'on attache au crochet où étoit la Chaîne; on roule cette corde sur la lanterne, comme étoit la Chaîne, en commençant par le milieu, & s'écartant vers les extrémités, de façon que le bâton se trouve parallele à cette lanterne: il est aisé de voir que par ce moyen on procure à la Chaîne une nouvelle longueur qui lui permet de venir, avec une égale tension, se rouler sur l'ensuple jusqu'à une aune près ou environ; alors on ouvre le rateau, dont on fait sortir toute cette Chaîne; puis en ayant décroché le bout, on passe la main dans l'ouverture qui y est, on approche de l'ensuple à mesure qu'il tourne; & quand il ne reste plus guere qu'un tour & demi, on met la main sous le dernier, pour, en la retirant ensuite, procurer passage au bout qu'on tire fortement pour l'arrêter sur l'ensuple, ainsi qu'on peut le voir *fig.* 10 & 11, *Pl.* XI.

## SECTION SEPTIEME.

*Observation sur la différence des Machines qu'on emploie pour plier les Chaînes dans les Villes de Manufactures, avec celles dont on se sert à Paris.*

L'USAGE des Machines qu'on vient de voir, n'a lieu qu'à Paris & dans quelques Villes de Manufactures qui en ont pris les méthodes. Celles dont on se sert à Nîmes, à Avignon, à Tours, & dans presque toutes les autres Manufactures, & dont je vais donner la description, sont bien plus parfaites que les premieres, dont les Fabriquants de Paris continuent de se servir, quoiqu'ils conviennent de leur infériorité; mais quelques-uns ne les connoissent pas, & les autres sont attachés aux principes qu'on leur a donnés dans l'enfance; d'autres enfin sont effrayés de la dépense qu'il faudroit faire pour se procurer des Machines bien plus volumineuses, & de l'emplacement qu'elles exigent.

Presque tous les Fabriquants d'Etoffes de soie à Paris, plient leurs Chaînes eux-mêmes; au lieu que dans les autres Villes de Manufactures, le Pliage est exercé par des gens qui en font leur unique occupation, & par cette raison cette partie est mieux traitée.

C'est donc la difficulté de placer ces Machines, qui leur en fait préférer de moins parfaites. On verra par la suite combien le *Tambour* est au-dessus de la lanterne, quoiqu'au même usage, & que celle-ci n'a pas assez de circonférence pour permettre à chaque brin de ſoie une égale tenſion, défaut auquel j'ai donné ci-deſſus la maniere de remédier; enfin avec la lanterne on ne peut ſe ſervir de la corde qu'à la fin du Pliage, parce que ſi on la rouloit deſſus dès le commencement, la ſoie qu'on y rouleroit enſuite en ſeroit accrochée & déchirée, attendu qu'elle n'auroit d'autre place que ſur la corde.

## CHAPITRE SECOND.

### *Méthode dont on ſe ſert à Tours, Nîmes, Avignon, pour plier les Chaînes des Étoffes de Soie; avec les Machines qu'on y emploie.*

La maniere de plier les Chaînes, eſt la même dans toutes les Villes de Manufactures; mais les machines dont on ſe ſert ſont entiérement différentes dans celles de Nîmes, Tours & Avignon; ainſi nous ne pouvons nous diſpenſer d'en donner la deſcription.

Les cabres ſont abſolument les mêmes que celles qu'on a décrites dans la troiſieme Section du Chapitre précédent; c'eſt pourquoi nous n'en dirons rien.

Au lieu de la lanterne, on ſe ſert d'un *Tambour*, dont la grandeur, ainſi que le chevalet qui le porte, varient quelquefois; mais nous allons décrire ceux qui ſont le plus en uſage.

### SECTION PREMIERE.

#### *Deſcription d'un premier Tambour.*

PLANCHES 4 & 5.

La Figure 2, *Pl. IV*, repréſente un *Tambour* vu en face ſur ſon chevalet, & dont la Planche V, contient le développement.

*A*, repréſente l'arbre du Tambour; c'eſt une piece de bois à huit pans, aux deux extrémités de laquelle ſont, contre le corps de cet arbre, deux parties cylindriques *a*, *a*, d'un moindre diametre que lui, pour diminuer le frottement contre le chevalet; enſuite ſont deux collets *b*, *b*, d'un moindre diametre encore: à un des deux bouts ſeulement eſt réſervé un renflement cylindrique, qui ſert tant à retenir l'arbre en ſa place dans les entailles du chevalet, qu'à appuyer la manivelle qu'on place dans la partie quarrée *d*, pour le faire tourner. Il eſt bon, pour plus de régularité, de faire ſur le tour toutes les parties cylindriques qu'on voit à cet arbre.

Aux deux extrémités de chacun des 8 pans, eſt une mortaiſe dont la longueur eſt par-tout la même, ainſi que la largeur, excepté ſur une face où elles ſont longues d'environ 2 pouces de plus que les autres, pour pouvoir aſſembler au centre, à mi-bois, deux traverſes, ainſi qu'on le verra. Ces deux mortaiſes ſont rencontrées

rencontrées au centre de l'arbre, à angles droits, par deux autres; mais celles des quatre autres pans de l'arbre ne sont profondes que d'un pouce & demi.

Deux traverses comme celle qu'on voit à part en *C*, & qui s'assemblent au milieu en croix à mi-bois, sont placées aux deux extrémités de l'arbre de la maniere suivante: dans la plus petite des mortaises qui passe d'outre en outre, on fait entrer un peu juste, une de ces deux traverses, jusqu'à ce que l'entaille soit dans l'alignement de l'autre mortaise à angles droits; alors on place la seconde, qu'on pousse jusqu'à ce que les entailles se rencontrent; & avec une clef qu'on fait entrer dans la plus longue mortaise, on les force de s'assembler l'une avec l'autre d'une maniere très-solide; & prenant la longueur d'un côté de ces traverses, à laquelle on ajoute un pouce & demi qui doit entrer dans la mortaise, on en fait quatre pareilles à celle *F*, à chaque bout, ce qui en tout donne huit rayons de chaque côté.

Il faut, avant de mettre en place toutes ces traverses, avoir soin de faire à un de leurs bouts un tenon pour recevoir huit autres traverses comme celle *D*, & former les huit ailes de ce tambour, auquel, dans cet état, il ne manque plus que huit arc-boutants de chaque côté, comme *E*, pour entretenir l'écartement de ces aîles. On trouvera sur la Figure 2, *Pl.* IV, toutes ces pieces sous les mêmes lettres, excepté les arc-boutants *E*, *E*, *E*, *&c.* qu'on a ôtés pour simplifier la figure & la rendre plus intelligible.

Ce Tambour ainsi construit, forme un cylindre à claire-voie, tel à peu-près qu'un Ourdissoir rond qui seroit couché, mais dont les ailes sont beaucoup moins longues; son diametre est d'environ 3 pieds 10 pouces: le diametre de l'arbre est de 6 à 7 pouces, & sa longueur de 3 pieds & demi tout compris, car celle des ailes n'est que de deux pieds & demi.

Sur un des pans de l'arbre, s'il est à pans, ou dans une même ligne, s'il est rond, *fig.* 1, *Pl.* VI, sont plantés deux pitons *e*, *e*, auxquels on attache les bouts *f*, *f*, des cordes *C*, *C*, *fig.* 4, dont on doit se rappeller l'usage. Voyez *fig.* 1, *Pl.* IX, la maniere dont ces cordes sont attachées à l'arbre en *g*, *g*, & ensuite comment elles entourent le Tambour à 3 ou 4 pouces des deux extrémités, *fig.* 2 *&* 3, *même Planche*, en laissant entr'elles un écartement suffisant pour pouvoir y placer la chaîne, dont le bout est attaché au crochet *A*, fixé au milieu du bâton *B*, qui tient aux deux cordes *a*, *a*. Il nous reste à parler du chevalet qui porte ce Tambour.

## SECTION SECONDE.

### *Description du Chevalet dont il est parlé dans la Section précédente.*

ON appelle, en terme de Plieur de Chaînes, *Chevalet*, tout ce qui sert de support, soit à la *lanterne* soit au *tambour*. J'ai déja décrit le premier; voyons maintenant ce que c'est que celui-ci.

PLANCHE 5.

La Figure 3, *Pl.* V, repréſente un Chevalet tout monté : c'eſt un bâtis de bois de chêne très-fort & très-ſolide, à cauſe de la réſiſtance qu'il doit oppoſer aux efforts du Pliage.

La Figure 4 repréſente la baſe du Chevalet ; c'eſt un quarré compoſé de deux pieces de bois *A*, *A*, aſſemblées ſolidement au moyen des trois traverſes *B*, *B*, *B* ; aux quatre angles de cette baſe, ſont deux mortaiſes *a*, *a*, *a*, *a*, &c, propres à recevoir les tenons des quatre montants *C*, *C*, *C*, *C*, *fig.* 3 ; enſuite en eſt une longue *b*, *b*, *b*, *b*, qui reçoit ceux des deux croix *D E*, *D E*, entaillées à mi-bois, & aſſemblées non pas à angles droits, mais en croix de Saint-André. Chaque côté eſt auſſi aſſemblé au moyen d'une des traverſes G, *G*, leſquelles le ſont à leur tour, par un bout ſeulement, par une troiſieme traverſe *H*.

Sur le devant de ce Chevalet, (& c'eſt le côté où on ne voit point de traverſe en-haut) on fait deux entailles capables de recevoir à l'aiſe, mais ſans balotter, les collets *b*, *b*, de l'arbre *A*, *même Planche.* Dans cet état le tambour eſt prêt à travailler, & n'a plus beſoin que de la manivelle *L*, dont la mortaiſe *e*, reçoit le tenon quarré *d*, de l'arbre.

Sur la traverſe du milieu de la baſe du Chevalet, *fig.* 4, ſont deux forts pitons de fer, mis à vis près des bouts de cette traverſe : c'eſt là qu'on attache l'un des bouts des deux ſangles *E*, *E*, *Pl.* IV, leſquelles ſont garnies de crochets de fer *b*, *b*, & qui, après avoir fait un tour preſqu'entier ſur la circonférence du tambour, viennent s'accrocher par l'autre bout, auquel eſt auſſi un crochet de fer, à d'autres crochets *d*, *d*, qui ſont ſolidement attachés aux deux bouts d'un fort bâton *C*, au milieu duquel eſt un autre crochet de fer *e*, ſemblable au palonnier d'un train de carroſſe : l'effet de ces deux ſangles eſt, ainſi que celui des cordes qui paſſent ſur les poulies de la lanterne, d'oppoſer une réſiſtance convenable au déroulement de la Chaîne, afin de la tenir tendue ſuffiſamment pour la plier comme il convient.

La Figure 5, *Pl.* VI, repréſente une baſcule compoſée d'une traverſe, dont la longueur, ſans les tenons, eſt égale à l'écartement des deux côtés du Chevalet ; les deux tourillons *f*, *f*, entrent dans des trous *a*, *a*, pratiqués au bas des montants *C*, *C*, de derriere des côtés du Chevalet. Au milieu de cette traverſe eſt aſſemblé à tenon & mortaiſe un montant *B*, de la longueur de la baſe, & retenu de chaque côté par deux arc-boutants *C*, *C*, qui y ſont ſolidement aſſemblés. Au bout du montant *B*, eſt un crochet de fer rivé par deſſous, auquel on attache le crochet qui eſt au milieu du bâton, où ſont les ſangles *E*, E. Dans cet état, ſuppoſons que le Tambour eſt ſur ſon chevalet, on attache le bout des ſangles *f*, *f*, aux pitons qui ſont ſur la traverſe du milieu de la baſe ; puis leur ayant fait faire un tour ſur le Tambour, on attache le crochet du bâton à la baſcule, qu'on charge avec une pierre ou autre choſe qu'on avance à volonté, pour en augmenter ou diminuer la peſanteur ; la ſeule attention qu'on doive avoir en cela, eſt de faire en ſorte que la baſcule ſoit élevée par le bout de 4 à 5 pouces au-dessus de la base, & que le côté des tourillons en soit à environ un pouce, sans quoi elle se trouveroit arrêtée dans son mouvement.

Les Figures 1 & 2, *Pl.* IX, représentent ces bascules vues par devant & par derriere le Chevalet, qui est différent de celui dont je viens de parler, & dont on verra bientôt les dimensions; il suffit d'avertir qu'à la figure 1 de cette Planche, les sangles ne sont point sur le Tambour, mais ce sont des cordes qu'on met seulement sur l'arbre, ainsi qu'on le verra en son lieu.

## SECTION TROISIEME.

### *Description d'un autre Chevalet.*

LA Figure 1, *Pl.* VII, représente un des côtés d'un autre Chevalet, propre à porter un Tambour pareil à celui qu'on a vu, & la Figure 2 en est la base: elle est composée de deux pieces de bois *A*, *A*, qui reçoivent les traverses *B*, *B*. Sur cette base s'élevent deux montants *C*, *C*, dans les mortaises *a*, *a*, & deux autres *D*, *D*, dans celles *b*, *b*; au haut de chaque couple de montants, est une traverse *E*, *E*, au milieu de laquelle est une entaille circulaire presque fermée, qui reçoit les collets de l'arbre. Au haut des deux montants *C*, *C*, est une mortaise qui reçoit le tenon des arcs-boutants *F*, *F*, dont l'autre bout est coupé parallélement au plancher sur lequel on les fixe au moyen d'un gros clou ou d'une tringle de bois qu'on attache par terre, & contre laquelle ils appuient; leur écartement est entretenu par une traverse *G* qui y est assemblée, vers le milieu, à tenons & mortaises. Sur les côtés de la base sont deux pitons *C*, *C*, dans lesquels passent les cordes *H*, *H*, & où elles sont retenues au moyen d'un nœud. Il est inutile de répéter ici quel est l'usage de ces cordes; on le connoît assez par ce que j'en ai dit précédemment.

PLANCHE 7

On se sert aussi, avec ce Chevalet, d'une bascule comme avec les précédents, & pour cela on fait deux trous *d*, *d*, vers les bouts des traverses *A*, *A* de la base, dans lesquels entrent les tourillons qu'on y réserve.

Il y a encore une autre espece de Chevalet, dont la simplicité & la solidité sont les qualités principales: le voici.

On scelle dans un mur, à la hauteur des autres Chevalets, deux pieces de bois *G*, *G*, à l'un des bouts desquelles est une entaille *HH*, propre à recevoir l'arbre du Tambour; à l'autre bout est un trou *d*, dans lequel entre une cheville de fer *II*, qui sert à rendre le scellement plus solide. Au bout extérieur de ces deux pieces de bois, on attache une étaie *K*, dont la hauteur est telle, que l'entaille qu'on y voit roidisse un peu par dessous, tandis que par devant on l'attache avec une vis à tête *f*, qui ne fait que l'entretenir en sa place; & pour empêcher ces deux étayes de s'écarter par le bas, on les assemble avec une piece de bois *L*, à tenons & mortaise. Enfin on scelle aussi au bas du mur deux forts pitons de fer dans lesquels on place une bascule pareille à la précédente.

Quelques Plieurs se servent des cabres pour Chevalet, & mettent le Tambour à la place de l'Ensuple; d'autres font à cet endroit une entaille pour retenir plus solidement le Tambour; mais toutes ces méthodes sont défectueuses à cause du manque de solidité.

## SECTION QUATRIEME.

### *Description d'un autre Tambour.*

PLANCHE 9.

LE Tambour que représente la Figure 3, *Pl.* IX, n'a de différent de ceux qu'on a vus précédemment, que l'arbre qui le rend plus commode, ainsi qu'on le va voir.

Cet arbre, au lieu de collets pris immédiatement après la longueur qui en fait le corps, a de chaque côté une partie cylindrique d'un moindre diametre que lui, & terminée vers les extrémités par un rebord aussi élevé que l'arbre même; ensuite sont les collets, puis d'un côté la partie quarrée qui reçoit la manivelle: ainsi la différence ne consiste que dans les parties cylindriques dont on va faire connoître l'usage.

On se souvient, sans doute, qu'aux autres Tambours on passe sur leur circonférence deux sangles qui, au moyen d'un frottement qu'on augmente ou diminue à volonté, s'opposent à un trop prompt déroulement de la Chaîne; à celui-ci on obtient le même effet par un moyen différent: on enveloppe les cylindres faits au bout de l'arbre, d'une corde chacun, *voyez Fig.* 1, attachée par un bout sur la base, par l'autre à un palonnier *C*, & celui-ci l'est à son tour à la bascule *K*, qu'on charge d'une pierre plus ou moins lourde; mais comme on sait que la résistance opérée par les frottements est en raison des surfaces, il est évident qu'ici la résistance ne doit pas être la même en enveloppant l'arbre que quand on enveloppe le Tambour, & que d'ailleurs l'inégalité des leviers y contribue encore; c'est pourquoi on fait faire deux tours à ces cordes, & l'expérience du Cabestan nous apprend combien est grande la résistance qui en résulte, au point qu'en chargeant un peu plus la bascule, on réduiroit le Tambour à ne pouvoir plus tourner du tout.

Au surplus les ailes de ce Tambour & sa construction entiere, sont absolument les mêmes qu'à ceux qu'on a vus plus haut; il leur est même préférable, tant à cause de sa solidité, que parce que n'y ayant sur sa circonférence qu'un tour de cordes & non pas deux, la Chaîne trouve plus d'espace à occuper.

SECTION

## SECTION CINQUIEME.

### *Description d'un troisieme Chevalet.*

C'EST pour ne pas multiplier inutilement les Planches, que j'ai expliqué les Tambours qu'on voit dans la neuvieme Planche ; & c'est pour donner de l'ordre aux descriptions, qu'en parlant de ces Tambours, je n'ai pas parlé des Chevalets qui les portent.

Les deux Chevalets qu'on voit *fig.* 1 & 2, *Pl.* IX, sont absolument semblables : tous deux sont vus en perspective, l'un, *fig.* 2, par devant, & l'autre, *fig.* 1, par derriere.

PLANCHE 9.

Sur une base formée de deux pieces de bois *I*, *I*, auxquelles sont assemblées deux traverses *F*, *F*, à tenons & mortaises, s'élevent deux montants *M*, *M*, qui, par le haut, sont attachés au plancher & retenus par devant au moyen des arc-boutants *N*, *N*, qui vont s'appuyer précisément derriere les oreillons *G*, *H*, parce que c'est-là que se fait le plus grand effort quand on plie la Chaîne. Ces deux oreillons reçoivent les collets de l'arbre du Tambour, & sont placés sur les montants *M*, *M*, à une hauteur convenable pour qu'un homme puisse commodément tourner la manivelle *L* ; au bout de la base opposé à celui où sont les arc-boutants *N*, *N*, sont deux autres oreillons dans lesquels tournent les tourillons de la bascule *K* ; sur la traverse du milieu sont deux pitons auxquels on attache un bout des sangles, *fig.* 2, ou des cordes, *fig.* 1, dont l'autre tient au palonnier. Ce Chevalet est, sans contredit, préférable à tous ceux que nous avons vus jusqu'ici ; mais j'ai dû rapporter les différentes méthodes usitées dans les Villes de Manufactures.

## SECTION SIXIEME.

### *Maniere de se servir des Tambours & des Chevalets pour le Pliage des Chaînes.*

QUELLE que soit, de toutes les Machines que je viens de décrire, celle qu'on adopte, la maniere de s'en servir est absolument la même : la voici.

Je suppose qu'on choisisse celles contenues dans la Planche IX, on attache le bout de la Chaîne au crochet *A*, du bâton *B* ; l'un des deux Ouvriers tourne la manivelle & roule les cordes sur le Tambour, *voy. Pl.* X, *fig.* 1, jusqu'au bâton ; alors il s'arrête, & celui qui tient la cheville recule en déroulant la Chaîne à une certaine longueur ; ensuite l'autre tourne le Tambour pour y mettre cette partie : après quoi le Plieur recule en en déroulant une nouvelle longueur, que l'autre met ensuite sur le Tambour, & ainsi de suite jusqu'au bout de la Chaîne ; alors

PLANCHES 9 & 10.

on met la Chaîne au rateau, comme on l'a vu au Pliage à la Parisienne; avec cette différence, qu'au lieu de placer le rateau sur les cabres, on se sert d'un banc, *fig.* 3, *Pl.* VI, sur lequel s'élevent deux montants *F*, *F*, au haut desquels est une entaille dans laquelle on place les rateaux, de quelque longueur qu'ils soient.

Ce banc est porté sur quatre pieds *A*, *A*, *A*, *A*, assemblés par les traverses *B*, *B*, sur la longueur, & par celles *C*, *C*, sur la largeur, qui le rendent assez solide pour l'usage auquel on l'emploie. Voyez *fig.* 2, *Pl.* X, un pareil banc, sur lequel est placé un rateau comme quand on s'en sert.

PLANCHE 11.

La Figure 1, *Pl.* XI, représente un Plieur *A*, qui met une Chaîne au rateau; cette Chaîne *C*, s'étend depuis le rateau jusqu'au Tambour *D*, qui ne peut pas permettre à la Chaîne de se dérouler, à cause du poids dont est chargée la bascule, & des sangles qui l'entourent.

Le Plieur est assis en face du rateau, ayant le dos tourné aux cabres sur lesquelles est l'Ensuple; quand toute la Chaîne est mise au rateau, il le ferme ou couvre, (ce sont deux expressions synonymes, pour signifier qu'on met la traverse de dessus) puis conduit le compasteur & son cordon, qui conservent l'envergeure des musettes, jusqu'à l'Ensuple, dans l'entaille duquel il les place, ainsi que la seconde verge, & fait sur le champ faire un tour à la Chaîne dessus pour les empêcher de sortir, ainsi qu'on l'a dit ailleurs.

PLANCHE 12.

Si le Tambour a des sangles, le Plieur les place dessus & charge la bascule; si ce sont des cordes, il en fait faire deux tours sur l'arbre, & faisant tourner l'Ensuple *C*, *Pl.* XII, il l'enveloppe de la Chaîne, pendant qu'il agite en tous sens le rateau, ainsi que cette figure le représente.

## SECTION SEPTIEME.

### *Description de la maniere dont on se sert à Nîmes & à Avignon, pour plier les Chaînes rayées, ourdies à plusieurs parties.*

J'AI dit, en quelqu'endroit du Traité de l'Ourdissage, que les Chaînes ourdies à plusieurs parties, exigeoient au Pliage une précaution différente des autres; en effet, la maniere de les mettre au rateau, doit nécessairement s'accorder avec celle dont on les a ourdies. Ce procédé, que j'ai rapporté alors, est celui dont on se sert à Nîmes & à Avignon, où les Plieurs doivent s'accorder avec les Ourdisseurs, pour conduire une rayûre à sa perfection.

On a vu dans l'endroit cité, qu'un Ourdisseur commence toujours à ourdir une rayûre par la partie qui touche à la lisiere: c'est aussi par où le Plieur doit commencer quand il la met au rateau; ainsi il doit placer vers les extrémités des rateaux les parties qui ont été ourdies d'abord, puis de proche en proche les parties suivantes, de maniere que la totalité de la Chaîne étant au rateau, offre aux yeux la rayûre de l'étoffe comme si elle étoit déja fabriquée. Il est vrai que les parties de fond peuvent donner quelqu'irrégularité dans la répartition qui en est faite entre les baguettes; mais comme le Plieur a toujours un échantillon ou une esquisse qui porte la rayûre que doit avoir la Chaîne qu'il va plier, il doit connoître, par le calcul du nombre de portées qui composent le fond, à combien d'endroits il doit en placer, & le nombre de portées ou de musettes que chacun doit contenir.

La Figure 1, *Pl.* XIII, représente un Plieur qu'on suppose occupé à mettre au rateau la Chaîne d'un petit taffetas, dont la rayûre est rapportée dans la seconde Section du Chapitre XV, *de l'Ourdissage.* On y a vu qu'il n'étoit pas possible, à cause de la disposition de la rayûre, d'ourdir cette Chaîne à moins de huit parties: ainsi le Plieur est forcé de suivre l'ordre qu'on a fait tenir à ces parties, afin de donner au rateau l'ordre que cette rayûre doit avoir dans l'étoffe, & c'est de-là que dépend entiérement la beauté de son exécution. PLANCHE 13.

Pour suivre cette opération avec l'exactitude qu'elle exige, le Plieur place à sa droite un *porte-parties A*, à côté du banc. Cet instrument n'est autre chose qu'un montant de bois planté sur une base, & sur la longueur duquel sont deux rangées de chevilles opposées l'une à l'autre, à peu-près comme le bâton d'un perroquet; sa hauteur est de 4 pieds ou environ: c'est sur ces chevilles que le Plieur place les parties dont la Chaîne est composée, après les avoir séparées les unes des autres dans l'ordre qu'elles doivent tenir. Des huit parties qui composent la Chaîne dont il est question, on n'en voit que six sur le *porte-parties*, le Plieur est censé en avoir déja mis une au rateau & être occupé à la seconde; il les place d'abord sur un compasteur l'une après l'autre, à mesure qu'il les met au rateau, comme si chacune étoit une Chaîne entiere.

J'ai dit encore, dans le Traité de l'Ourdissage, que l'Ourdisseur mettoit un petit cordon noué à chaque partie pour servir de guide au Plieur; c'est à l'aide de ces nœuds que ce dernier reconnoît l'ordre des parties de cette Chaîne, sans cette précaution il seroit obligé de compter les portées, les musettes, & même les fils bien souvent.

Pour mieux comprendre l'opération que je vais décrire, il est à propos d'avoir sous les yeux l'échantillon *fig.* 17, *Pl.* XXVI, de l'Ourdissage: c'est celui de la Chaîne, que je suppose le Plieur occupé à mettre au rateau. Cette Chaîne, à l'endroit où j'en ai parlé, est censée ourdie à 45 portées, & la rayûre en est disposée pour trois répétitions; de sorte que chaque portée de chaque partie de la rayûre doit fournir à une des répétitions les 45 portées, qui font 90 musettes; ainsi le rateau doit avoir 90 dents, dont chacune contiendra une musette.

*Pour la premiere partie.*

ON placera une musette dans la premiere dent à droite; & venant vers la gauche, on mettra la seconde musette dans la 30e. dent, la troisieme dans la 31e, la quatrieme dans la 60e, la cinquieme dans la 61e, & la sixieme dans la 90e,

*Pour la seconde partie.*

On mettra la premiere musette de cette partie dans la 2e. dent, la seconde dans la 29e, la troisieme dans la 32e, la quatrieme dans la 59e, la cinquieme dans la 62e, & la sixieme dans la 89e.

*Pour la troisieme partie.*

On mettra la premiere musette dans la 3e. dent, la seconde dans la 28e, la troisieme dans la 33e, la quatrieme dans la 58e, la cinquieme dans la 63e, & la sixieme dans la 88e.

*Pour la quatrieme partie.*

La premiere musette dans la 15e. dent, la seconde dans la 16e, la troisieme dans la 45e, la quatrieme dans la 46e, la cinquieme dans la 75e, & la sixieme dans la 76e. dent.

*Pour la cinquieme partie.*

La premiere musette dans la 14e. dent, la seconde dans la 17e, la troisieme dans la 44e, la quatrieme dans la 47e, la cinquieme dans la 74e, & la sixieme dans la 77e. dent.

*Pour la sixieme partie.*

On placera la premiere musette dans la 13e. dent, la seconde dans la 18e, la troisieme dans la 43e, la quatrieme dans la 48e, la cinquieme dans la 73e, & la sixieme dans la 78e. dent.

*Pour la septieme partie.*

On placera la premiere musette dans la 12e. dent, la seconde dans la 19e, la troisieme dans la 42e, la quatrieme dans la 49e, la cinquieme dans la 72e, & la sixieme dans la 79e. dent.

*Pour la huitieme partie.*

La huitieme partie compose le fond de la Chaîne; elle est de 24 portées, qui produisent 48 musettes. Par l'ordre que je viens d'établir, & l'arrangement des 90 musettes que je fais placer dans les 90 dents du rateau, il n'y en a encore que 42 d'occupées, restent encore 48 à remplir. Ces 48 musettes doivent donc remplir ce qui ne l'est pas; on les divisera en six parties égales, qui seront de huit pour chacune

En

En faisant attention à la maniere dont j'ai distribué les musettes dans le rateau, on verra qu'elles laissent entr'elles six espaces vuides qui sont de huit dents chacun; c'est précisément ce nombre répété de 8 dents, qui recevra les musettes dont est composée chaque division du fond, & elles y seront placées dans l'ordre qu'on va voir.

On placera les 8 musettes de la premiere division, dans les 4e. 5e. 6e. 7e. 8e. 9e. 10e. & 11e. dents.

Celles de la seconde seront placées dans les 20e. 21e. 22e. 23e. 24e. 25e. 26e. & 27e. dents.

Celles de la troisieme seront mises dans les 34e. 35e. 36e. 37e. 38e. 39e. 40e. & 41e. dents.

Celles de la quatrieme dans les 50e. 51e. 52e. 53e. 54e. 55e. 56e. & 57e. dents.

Celles de la cinquieme dans les 64e. 65e. 66e. 67e. 68e. 69e. 70e. & 71e. dents.

Celles de la sixieme enfin, seront placées dans les 80e. 81e. 82e. 83e. 84e. 85e. 86e. & 87e. dents.

Par cette distribution les 90 dents du rateau se trouvent remplies, ainsi qu'on peut le voir par l'exemple figuré qu'on a placé ci-après.

Le Tableau qui suit représente le rateau dans lequel on met la Chaîne; les zéros, au nombre de 91, en sont les 91 dents nécessaires pour contenir les 90 musettes; les accolades supérieures sont les dents qu'occupent les rayûres, & celles de dessous sont les parties de fond. Les sept parties qu'on a vues d'abord ci-dessus, y sont désignées par les 7 premiers chiffres; de sorte que le chiffre 3, par exemple, signifie une musette de la troisieme partie, en quelqu'endroit qu'il soit répété, & ainsi des autres; & les chiffres de dessous 8, 8, &c. désignent le fond divisé en six parties.

Cet exemple peut s'appliquer à toute espece de rayûres ourdies à plusieurs parties; on y a même, pour plus de facilité, représenté les musettes des trois premieres parties par une double accolade en dessus.

Les deux moitiés qu'on voit aux extrémités ne doivent pas surprendre, si l'on se rappelle ce qu'on a dit dans l'Ourdissage *du partage des rayûres contre les lisieres.*

```
123         76544567        321123        76544567        321123        76544567        321
0000000000000000000000000000000000000000000000000000000000000000000000000000000000000000000
   88888888        88888888      88888888        88888888      88888888        88888888
```

J'ai dit ci-dessus que le Plieur devoit avoir mis un compasteur dans l'envergeure de la premiere partie, il doit en faire autant à toutes les autres, ainsi qu'on peut le voir par la Figure 2 de la XIIIe. Planche, qui représente un Tambour, la Chaîne, un rateau & les verges vus géométralement, ainsi qu'on va le détailler. PLANCHE 13.

*A*, représente le rateau; *B*, est un compasteur dans lequel sont enfilées, sans ordre, toutes les parties de fond; *C*, est un compasteur qui tient la premiere partie de rayûre; *D*, est celui qui tient la seconde; *E*, est celui qui tient la troisieme; *F*, tient la quatrieme; *G*, tient la cinquieme; *H*, tient la sixieme; & *I*, tient la septieme partie; après quoi il ne reste plus qu'à placer les parties de fond dans le rateau. Il faut donc en tout pour cette Chaîne, 8 compasteurs différents, par où il est facile de déterminer ce qu'en exigeroit une autre Chaîne.

Lorsque le Plieur a fini de mettre toute la Chaîne au rateau, il le ferme & retire tous les compasteurs qu'il a employés; puis passant un doigt entre chaque musette, il prend l'anneau que chacune forme au bout de la portée, & passe dans toutes ces ouvertures un seul compasteur, qui retient, par ce moyen, toutes les portées dont la Chaîne est composée. Il faut observer que lorsque le Plieur a retiré les compasteurs particuliers, il abandonne entiérement cette envergeure des musettes dont on n'a plus besoin.

Si, par le trop d'écartement des musettes, occasionné par la distance des dents du rateau, les portées se trouvent avoir une inégalité de tension, au lieu de les prendre par les ouvertures qui sont au bout, il les coupe toutes également, & prenant les musettes 4 par 4, il les noue ensemble, après les avoir égalisées les unes aux les autres, ayant soin de faire ces nœuds de façon qu'ils se trouvent sur une même ligne; ensuite il prend la séparation du milieu de chaque quatre musettes, y place un compasteur, & en fixe le cordon à l'autre bout pour retenir toutes les portées. Ensuite il porte le rateau jusques sur l'Ensuple, dans la rainure duquel il place le compasteur, puis la seconde verge, & continue son Pliage comme celui d'un Chaîne à une seule couleur.

Il peut arriver que le mélange des parties qui composent une rayûre, occasionne quelqu'entrelacement ou quelques *tenues* entre les brins de soie, il faut, dans ce cas, employer toutes les précautions possibles pour éviter de casser aucun fil; & pour cela on place derriere le rateau deux ou trois verges, pour séparer les parties de la soie dans l'ordre de l'Ourdissage: on la fait tenir à quelqu'un pendant tout le temps du Pliage, pour dégager la soie & séparer les brins les uns des autres. La Planche XIV représente cette opération: on y voit trois Ouvriers, dont le premier *A*, tient le rateau, qui, pour plus de commodité, est suspendu à une perche flexible attachée au plancher; par ce moyen on peut faire mouvoir ce rateau dans tous les sens, de devant en arriere, de droite à gauche, & de haut en bas; le second *B*, tourne l'ensuple *D*, au moyen du levier *b*, tandis que le troisieme *C*, promene tout le long de la Chaîne à mesure qu'on la roule sur l'ensuple, les verges *d*, *d*, *d*, *d*, dont nous venons de parler.

PLANCHE 14.

Il est certain que les Chaînes ourdies à plusieurs parties, donnent plus de difficultés au Pliage; mais cet inconvénient ne balance pas l'avantage de les ourdir ainsi.

Lorsque la Chaîne est sur l'ensuple à 4 ou 5 pieds près des envergeures, le

Tourneur arrête; alors le Plieur abandonne son rateau qui se trouve suspendu en l'air au bout de la perche *F*, il le fait tenir contre l'ensuple où on l'arrête, afin que la soie qui est dessus ne puisse se dérouler; ensuite le Tourneur prend la fourche *fig.* 2, *Pl.* XV, sur laquelle il place les envergeures de toutes les parties, pour n'en former qu'une seule. Cette opération se fait en prenant au rateau les portées l'une après l'autre, ou musette par musette, suivant l'ordre qu'on a suivi en mettant au rateau par portées ou par musettes; & on met dans une des branches *a*, de la fourche, une des deux ouvertures, & l'autre *b*, dans l'autre, ainsi que la figure 4, *même Planche*, le représente.

PLANCHE 15.

La Planche XV, représente toutes les opérations de ce nouvel envergeage: on voit en *A*, *fig.* 1, le Plieur qui prend à la Chaîne *F*, quelques musettes, les place sur la fourche *d*, que l'Ouvrier qui a quitté l'ensuple, tient de la main gauche, tandis qu'avec la droite il les empêche de sortir de cette fourche. La Figure 3 de cette même Planche, représente le bout d'une Chaîne qu'on a fini de plier: on y voit tous les cordons que l'Ourdisseur avoit placés dans les envergeures de chaque partie, & qu'on ne retire que quand ces mêmes envergeures sont mises sur la fourche, comme le représente la figure 5, en *A*; & on ne retire cette fourche qu'après avoir passé le cordon de soie, *fig.* 5, en place des deux branches de cette fourche. Pour conserver les envergeures, on noue les deux bouts de ce cordon afin qu'il ne puisse pas s'échapper, & on ôte tous les cordons particuliers; enfin on forme à cet endroit un paquet du bout de la Chaîne avec ce cordon, pour la contenir jusqu'à ce qu'elle soit sur le métier où l'étoffe doit se fabriquer.

Après toutes ces opérations on ouvre le rateau, d'où on retire la Chaîne; on la roule entiérement sur l'ensuple, en passant le bout sous le dernier tour, ainsi qu'on l'a déja dit, & qu'on le voit *fig.* 10 & 11, *Pl.* XI.

## SECTION HUITIEME.

### *Observations sur le Pliage des Chaînes rayées, ourdies à plusieurs parties.*

LES regles que je viens d'établir pour le Pliage de la Chaîne qu'on vient de voir, doivent être observées à toutes celles qu'on a ourdies à plusieurs parties. Le Plieur doit toujours commencer par compter les parties, & les prenant les unes après les autres, il les place sur les chevilles du porte-parties; ensuite il les met au rateau dans le même ordre, mais auparavant il a soin de compter les portées dont chacune est composée, afin de prendre un rateau convenable à la largeur de la Chaîne qu'il va plier; & par le nombre de portées, il connoît celui des dents que doit avoir le rateau; après cela il prend l'échantillon de la rayûre pareille à la Chaîne, & met les parties au rateau suivant cet échantillon.

Les couleurs de la Chaîne qu'on doit plier, ne sont pas ordinairement les mêmes que celles de l'échantillon, mais la disposition en est semblable ; ainsi par l'ordre de la rayûre, ou, pour mieux dire, par celui que l'Ourdisseuse doit avoir donné à sa Chaîne, le Plieur doit voir que telle couleur de l'échantillon répond à telle couleur de la Chaîne, & par-là il ne sauroit manquer de tomber d'accord avec cette Chaîne ourdie.

Lorsque j'ai dit que le Plieur choisissoit un rateau convenable, je n'ai pas voulu faire entendre qu'il dût toujours être juste, pour le nombre de dents, avec les portées dont la Chaîne est composée ; jamais un rateau n'a trop de dents, c'est-à-dire, que quoiqu'il semble n'en devoir avoir qu'un nombre déterminé, s'il est plus grand, on peut très-bien s'en servir, sur-tout quand on a soin d'ourdir à un petit nombre de rochets, par la raison que le rateau divise les musettes dans une largeur fixe ; & mieux elles sont placées sur l'ensuple, plus il en résulte d'avantage pour la beauté de l'étoffe.

Pour ne pas interrompre le fil de ma description, lorsque j'ai détaillé les opérations par lesquelles on remédie aux *tenues* de la soie en pliant, en expliquant la quatorzieme Planche, j'ai supposé le rateau suspendu à une perche attachée au plancher ; mais je n'ai vu exécuter cette méthode en aucun endroit : c'est une idée que je propose & dont on peut tirer avantage. Je crois que ce que j'en ai dit, joint à l'inspection de la figure, suffit pour faire entendre cette opération ; en effet, il n'est pas possible que le Plieur tienne long-temps ce rateau à bras tendu sans se fatiguer considérablement, ayant sur-tout souvent besoin de se servir de sa main droite. Pour se convaincre de la supériorité de cette méthode, on n'a qu'à jetter les yeux sur les Planches XII & XIV, où la même opération est représentée de ces deux manieres.

## SECTION NEUVIEME.

*De la maniere de plier les Chaînes levées à chaînette de dessus l'Ourdissoir.*

LE Pliage des Chaînes levées à chaînette, ne differe de celui des autres que par la maniere de les mettre sur le Tambour. Voici comment on s'y prend.

On met la Chaîne entiere dans un tamis ou boisseau, ou dans une corbeille garnie de papier, pour que rien ne puisse accrocher la soie. *Voyez fig.* 2, *Pl.* X.

PLANCHE 10.

Le Plieur lâche le bout par où il doit commencer : (c'est par celui que l'Ourdisseuse a fini de lever sa Chaîne de dessus l'Ourdissoir, que le Plieur doit défaire sa chaînette, car il ne pourroit se défiler par l'autre) : il attache ce bout au crochet du bâton, auquel tiennent les cordes qui sont attachées par l'autre bout sur l'arbre ; puis tenant cette corbeille ou tamis d'une main, il recule autant que la distance, qui se trouve entre le Tambour & les cabres, le permet, & fait couler la Chaîne dans sa main droite le plus délicatement qu'il lui est possible ; & quand il est parvenu à une distance convenable, il fait un tour de cette Chaîne

Chaîne ſur la main, & ordonne à celui qui tient la manivelle de tourner: à meſure que la Chaîne s'enveloppe ſur le Tambour, il avance en la tenant toujours tendue, puis reprend en reculant une nouvelle longueur, qu'il roule de même ſur le Tambour, & continue juſqu'à la fin, à quelques pieds près, qu'il conſerve pour l'aiſance de mettre au rateau.

Pour mieux faire ſentir combien cette opération eſt ſemblable à celle qu'on a déja vue, quand la Chaîne eſt relevée ſur une cheville, on les a miſes toutes deux dans une même Planche: *c'eſt la dixieme*, où, au boiſſeau près, tout eſt entiérement ſemblable.

Quelques Plieurs, après avoir accroché le bout de leur Chaîne au bâton, ſe placent à une certaine diſtance du Tambour, & ſans ſortir de leur place ils laiſſent couler la Chaîne dans leurs mains à meſure que le Tambour l'attire à lui; & alors il leur ſuffit d'avoir la corbeille à leurs pieds, comme la figure 2, *Pl.* X, le repréſente: on voit le Plieur occupé à défaire avec ſa main droite les chaînons, tandis qu'il retient la Chaîne avec la main gauche, pour lui conſerver une égale tenſion.

Il eſt certain que comme la Chaîne gliſſe toute entiere entre les mains du Plieur, ſon luſtre ne peut qu'en être altéré ainſi cette méthode ne vaut pas la précédente; d'ailleurs, il n'eſt pas poſſible de procurer par ce moyen à la Chaîne une égale tenſion, comme quand on ne roule que par parties.

La tenſion que je recommande ſi fort, en pliant une Chaîne, ſert à dégager les tenues qui ne s'y rencontrent que trop ſouvent; du moins eſt-il, par ce moyen, plus facile de les dégager, & l'opération en eſt accélérée: d'ailleurs, les brins de ſoie deviennent également tendus.

## SECTION DIXIEME.

### *Obſervation ſur la différence qu'il y a entre l'uſage des Lanternes & celui des Tambours.*

LA *Lanterne* cylindrique dont j'ai donné la deſcription au commencement de ce Traité, en rapportant la méthode de Paris pour plier les Chaînes, eſt inférieure au *Tambour*, en ce que la ſoie poſant deſſus dans tous les points de ſa circonférence, & étant couverte par les tours ſuivants, il n'eſt pas poſſible que tous les brins qui compoſent une Chaîne, prennent cette égalité de tenſion ſi eſſentielle.

La Lanterne à claire-voie paroît, par cette raiſon, préférable à la premiere; mais ſa circonférence n'eſt pas aſſez conſidérable pour que l'élaſticité de la ſoie puiſſe, dans un auſſi petit eſpace, avoir tout ſon jeu, à cauſe du peu de diſtance entre les fuſeaux. C'eſt donc la néceſſité reconnue de donner un libre cours à l'élaſticité de la ſoie, qui a fait penſer que plus la machine ſur laquelle on la roule auroit de circonférence, mieux la ſoie s'en trouveroit : auſſi a-t-on conſtruit des Tambours qui ont juſqu'à trois aunes & demie & même quatre aunes de circonférence, & on eſt parvenu à procurer à la ſoie une parfaite égalité de tenſion dans toutes ſes parties.

De quelque grandeur que ſoient les Tambours qu'on emploiera, ils n'ont tous que huit aîles, & ſont, en cela, ſemblables à un Ourdiſſoir couché; & la diſtance des aîles, qui eſt d'environ 20 pouces, permet à la ſoie de s'étendre convenablement. On a même remarqué que cette différence influoit juſques ſur la beauté de l'étoffe.

Mais, dira-t-on, d'où peut venir une inégalité de longueur entre ces brins de ſoie qui ſont raſſemblés à l'Ourdiſſage par des procédés qui ſemblent ne le pas permettre? Pour répondre à cette objection, il ſuffit de ſe rappeller l'obſervation que j'ai faite dans un endroit du Traité de l'Ourdiſſage; j'y ai fait remarquer que malgré les différentes précautions dont on uſe à cet égard, & notamment l'uſage de la crémaillere, on ne peut éviter que le diametre de l'Ourdiſſoir ne ſoit ſenſiblement augmenté vers la fin de cette opération; ainſi en comparant les premieres portées ourdies avec les dernieres, on y trouvera une différence aſſez conſidérable: c'eſt pour y remédier qu'on a introduit l'uſage des Tambours; d'ailleurs, il n'eſt pas même poſſible, en ourdiſſant, que les brins ſoient également tendus, parce qu'un rochet plein étant plus lourd, ſe déroule moins vîte, & le brin eſt plus tendu, au lieu que celui qui tire à ſa fin tourne avec plus de rapidité, puiſque tous deux ſont tirés par une force égale, & que leur réſiſtance ne l'eſt pas.

L'élaſticité qu'on remarque dans les ſoies, vient du tors qu'elles ont reçu au moulinage; malgré l'attention qu'on y apporte, elles n'ont pas le même degré d'apprêt: c'eſt donc pour compenſer ce plus & moins, qu'on les tend autant qu'il eſt poſſible dans toutes les opérations qu'on leur fait ſubir.

## CHAPITRE TROISIEME.

### *Maniere dont on ſe ſert à Tours & dans quelques autres Villes, qui tiennent des anciennes méthodes, pour plier les Chaînes relevées, ainſi que pour les plier en ſortant de deſſus l'Ourdiſſoir.*

#### SECTION PREMIERE.

#### *Méthode de Tours & de quelques autres Villes.*

A Tours, & dans quelques Villes voiſines, on ne ſe ſert, pour plier les Chaînes, ni de Lanterne ni de Tambour, ni même d'aucune autre machine qui en tienne lieu ; mais on ſe ſert des cabres ſemblables à celles que nous avons décrites, avec des portes-rateaux, ou bien avec un banc deſtiné à cet uſage. On y plie ordinairement les Chaînes dans un endroit découvert, comme cour ou jardin, qui doivent être aſſez longs pour y étendre la Chaîne toute entiere, quelle qu'en ſoit la longueur ; on en déroule de deſſus la cheville d'abord une certaine longueur, qu'on met au rateau, puis ſur l'Enſuple qui eſt ſur les cabres, comme on l'a vu *Pl.* VIII, *fig.* 2 ; enſuite on l'étend dans toute ſa longueur ; on paſſe dans l'ouverture qui eſt au bout, une cheville un peu forte, à laquelle tiennent pluſieurs ſangles ou cordes dont chacune eſt retenue par un homme qu'elle enveloppe. L'un de ces hommes tient un bout de la cheville dans chaque main, & les autres ſont placés derriere en file, ou deux à deux, ou à côté les uns des autres : ils font tous leurs efforts pour donner à la Chaîne une tenſion ſuffiſante, & avancent, à meſure qu'on l'enveloppe ſur l'Enſuple, ſans lâcher mal-à-propos.

Pendant ce temps-là le Plieur conduit ſon rateau de la maniere qu'on a vu *Pl.* XII.

Il eſt facile de ſentir toute la défectuoſité d'une pareille méthode, tant parce qu'il n'eſt pas poſſible que ces hommes procurent à la Chaîne cette égalité de tenſion qui lui eſt ſi néceſſaire, que parce qu'une Chaîne dont la longueur eſt quelquefois de cent aunes, ne ſauroit manquer de plier vers le milieu, & de décrire une courbe dont la recherche a fait l'objet des calculs des Savants. Tous les brins ne ſont pas même également tendus ; quelques-uns devenus le jouet de l'air, s'embrouillent avec les autres, & augmentent encore le déſordre.

Il eſt vrai que pour obvier à ces inconvénients, quelques Plieurs placent des chevalets de diſtance en diſtance, comme on voit les Cordiers le pratiquer en travaillant. Cette précaution prévient ſans doute une partie des défauts ; mais malgré cela cette méthode n'eſt pas comparable à celles des autres Villes de Manufactures.

Au ſurplus, la quantité de perſonnes que ce Pliage occupe, eſt un inconvénient capable de faire rejetter cet uſage. On a vu que ſelon les méthodes que nous avons décrites, il ne faut être que deux, & quelquefois trois; celui qui tourne l'Enſuple, celui qui tient le rateau, & celui qui dégage les tenues, quand c'eſt une Chaîne rayée, ourdie à pluſieurs parties; au lieu que par cette méthode, indépendamment du Tourneur & du Plieur, il faut abſolument au moins quatre hommes pour tendre la Chaîne.

Le procédé qu'emploient les Cordiers quand ils cablent un cordage, eſt le ſeul moyen à l'aide duquel on puiſſe tolérer l'uſage de Tours. Voici en quoi il conſiſte.

Ils ont un bâti de bois qu'ils nomment *quarré*, & qu'ils chargent plus ou moins de pierres ſelon la groſſeur de la corde; ils y en attachent le bout: cette corde en ſe cablant raccourcit, & attire ce fardeau qui traîne avec peine par terre. Tel eſt le moyen dont peuvent uſer ceux qui, attachés à un auſſi défectueux uſage, ne s'en veulent point départir; mais encore une fois, la néceſſité de faire ce travail au grand air, où la pluie & le ſoleil peuvent faire tort à la ſoie, ſont capables de le proſcrire, ainſi que les ordures qui voltigent ſans ceſſe.

## SECTION SECONDE.

### *Maniere de plier les Chaînes immédiatement en les levant de deſſus l'Ourdiſſoir.*

ANCIENNEMENT on ne connoiſſoit pas l'uſage de lever les Chaînes de deſſus l'Ourdiſſoir, pour enſuite les plier comme on fait aujourd'hui; il y a même quelques Villes de Manufactures qui le pratiquent ainſi; c'eſt pourquoi je me crois obligé d'en rapporter les procédés.

Auſſi-tôt qu'on a fini d'ourdir une Chaîne, on ôte la cantre de ſa place; on met à quelque diſtance du montant du plot, deux cabres en face, auſſi loin que l'endroit peut le permettre; enſuite on fait deſcendre le plot à la hauteur des chevilles errantes, en place deſquelles on met un cordon de ſoie, pour conſerver les envergeures: on en retire le bout de la Chaîne, & on le paſſe ſur le plot entre les deux poulies droites, & entre deux tringles, où, pendant l'Ourdiſſage, a paſſé la braſſe, ſans cependant obſerver la ſéparation que la tringle du milieu y conſervoit alors.

Le Plieur conduit le bout de la Chaîne juſqu'aux cabres, où il la met au rateau; & quand cette opération eſt finie, il place le compaſteur, & plie la Chaîne ſur l'Enſuple de la maniere qu'on a vue dans les Sections précédentes.

On ſent aiſément qu'il faut une perſonne pour empêcher l'Ourdiſſoir de tourner trop vîte, afin que la Chaîne ne ſe déroule qu'à meſure qu'on tourne l'Enſuple, & pour lui conſerver une tenſion ſuffiſante.

Cette

Cette maniere de plier ne sauroit avoir lieu que pour les Chaînes ourdies sur l'Ourdissoir rond; mais quand on peut user de la méthode reçue généralement, on ne doit pas hésiter à la préférer. En effet, quoiqu'au premier aspect cette méthode paroisse plus simple & plus expéditive, il est certain que le déroulement de l'Ourdissoir ne sauroit être continu, & par conséquent la soie n'est pas également tendue; d'ailleurs, quelque solide que soit cet Ourdissoir, il n'est pas possible qu'il résiste long-temps aux efforts multipliés qu'il éprouve par la tension de la soie. On ne doit donc lever ainsi les Chaînes, que dans un cas de nécessité; car il faut d'abord un endroit qui, outre la place qu'occupe l'Ourdissoir, permette d'en écarter l'Ensuple au moins de trois aunes; encore cette distance est-elle trop petite pour qu'on puisse opérer comme il faut.

De plus, il faut que l'Ouvrier, au métier duquel on destine cette Chaîne, ait fini celle qu'il avoit sur ce métier, pour que son Ensuple puisse en recevoir une nouvelle: il est vrai qu'on pourroit avoir plusieurs Ensuples pour un même métier, ou que la Chaîne restât quelque temps sur l'Ourdissoir; mais dans une Fabrique où toutes les Machines sont coûteuses, à moins d'un calcul très-économique pour les dépenses, on ne sauroit vendre une Étoffe au prix courant, si on n'a pas pris garde à tout ce qui peut en augmenter la valeur; quant à laisser une Chaîne sur l'Ourdissoir, elle peut s'y gâter, & l'Ourdisseur, pendant ce temps, reste à ne rien faire, à moins qu'on n'eût aussi plusieurs Ourdissoirs.

Il y a des Fabriquants qui ourdissent eux-mêmes, ou font ourdir chez eux toutes les Chaînes de leurs Fabriques; on les y plie aussi, & c'est presque le seul cas où la méthode dont nous venons de parler, puisse être admise; sans cela il faudroit plusieurs Lanternes ou Tambours, encore est-il rare de trouver des emplacements capables de contenir ces diverses Machines, très-volumineuses par elles-mêmes; ainsi le plus sûr est de s'en tenir à l'usage.

Dans les Villes de Manufactures un peu considérables, chaque opération de Fabrique occupe un certain nombre de gens qui travaillent de cette partie pour le Public; ainsi on donne une Chaîne à ourdir à un Ouvrier qui travaille pour vingt ou trente Fabriquants; quand elle est levée, on la porte chez un Plieur, auquel on fournit un Ensuple, & ainsi du reste; & chaque opération faite par gens dont c'est l'unique talent, est mieux traitée & avec plus de promptitude.

## CHAPITRE QUATRIEME.

### *Explication des Planches concernant le Pliage des Chaînes pour les Étoffes de Soie.*

### PLANCHE PREMIERE.

La Figure 1 représente le *Chevalet* dont on se sert à Paris pour plier les Chaînes & les Poils pour les Etoffes de soie : il est garni de sa *Lanterne* F, faite à claire-voie.

La Figure 2 est une des deux Cordes *K*, *K*, qu'on voit sur la figure 1, attachées par un de leurs bouts à la base du chevalet, & placées dans la rainure des poulies *G*, *G*, de la lanterne *F*. On a représenté cette corde séparément, afin qu'on pût juger de la maniere avec laquelle elle peut occasionner les frottements nécessaires pour tenir une Chaîne tendue autant & si peu qu'on le desire : on voit en *A*, l'espace qu'occupe la poulie dans les rainures de laquelle elle passe ; & en *C*, on voit le contre-poids qui la fait roidir, pour donner à une Chaîne la tension dont on a besoin pour la perfection du Pliage.

La Figure 3 représente un des deux côtés du Chevalet, *fig.* 1, vu en face.

La Figure 4 est la base de ce Chevalet, vue aussi en face : on voit en *b*, *b*, sur cette figure, les deux cordes qui servent à roidir la lanterne lorsqu'on plie une Chaîne, &c.

*A*, une des grandes traverses de la base du Chevalet.

*B*, *B*, sont deux des quatre traverses qui assemblent les deux grandes traverses *A*, *A*, de cette même base.

*C*, un des grands montants du Chevalet, dans les entailles desquels tourne la lanterne *F*.

*D*, *D*, sont deux arc-boutants qui retiennent les grands montants *C*, *C*, devant & derriere, afin que les efforts du Pliage ne les ébranlent pas.

*E*, la traverse qui tient les deux montants *C*, *C*, dans un écartement égal à celui qu'ils ont sur la base du Chevalet, & à celui qu'ils ont pour recevoir la lanterne *F*.

### PLANCHE II.

La Figure 1 représente une Lanterne semblable à celle *F*, de la Planche I, vue en face & hors du chevalet : elle est faite à claire-voie, & garnie de sa manivelle *I*.

*Développement de cette Figure.*

*A*, eſt l'arbre ou l'axe de cette Lanterne : il eſt garni de ſon crochet de fer *a*.

*G*, *K*, en ſont les deux poulies, dont une vue de profil, & l'autre vue en perſpective.

*H*, eſt un des ſix fuſeaux qui, placés autour de l'axe de la Lanterne, en aſſemblent les deux poulies avec leſquelles ils forment un corps cylindrique à claire-voie, comme on l'apperçoit ſur la Figure.

*I*, eſt la manivelle de la Lanterne, au moyen de laquelle on la tourne lorſqu'on roule une Chaîne deſſus.

La Figure 2 eſt encore une Lanterne dont le corps eſt un cylindre plein : elle eſt au même uſage que celle *fig.* 1.

*Développement de cette Figure.*

*a*, en eſt l'arbre ou l'axe ; ſa groſſeur, qui eſt un cylindre, tient en même temps lieu des ſix fuſeaux qui forment le corps de la Lanterne, *fig.* 1 ; les deux poulies qu'on aſſemble à cet arbre, ſont faites de même que celles *G*, *K*, excepté qu'elles n'ont chacune que le trou par lequel on les place ſur l'arbre *a*.

*C*, eſt la manivelle propre à cette Lanterne.

La Figure 3 eſt un Enſuple tout uni, fait avec des tenons de bois qui lui ſervent d'axe.

La Figure 4 eſt auſſi un Enſuple tout uni ; les tenons qui lui ſervent d'axe ſont de fer.

La Figure 5 eſt encore un Enſuple uni, dont les tenons ſont de bois : il a un de ſes bouts propre à recevoir une poulie faite à cet uſage.

La Figure 6 eſt un Enſuple dont les tenons ſont encore de bois ; chacun de ſes deux bouts forme une eſpece de large poulie, par deux rebords *a*, *a*, d'un côté, & par ceux *b*, *b*, de l'autre ; c'eſt dans ces poulies qu'on place les cordes pour tendre la Chaîne lorſqu'on fabrique une Etoffe.

La Figure 7 eſt un Enſuple tout uni ſans tenons.

La Figure 8 eſt encore un Enſuple tout uni & ſans tenons ; il eſt percé à un de ſes bouts de deux grands trous *C*, *C* : ces trous ſont quarrés, & c'eſt par leur moyen qu'on fait tourner l'Enſuple lorſqu'on plie une Chaîne deſſus ; c'eſt auſſi au moyen de ces mêmes trous, qu'on parvient à tenir une Chaîne tendue quand on fabrique une Etoffe.

La Figure 9 eſt une cheville qu'on emploie pour tourner les Enſuples lorſqu'on veut plier une Chaîne, en la plaçant comme celle qu'on voit en *M*, *fig.* 6.

La Figure 10 est une autre espece de cheville : elle est faite pour le même usage que la précédente, de laquelle on ne se sert cependant que pour tourner les Ensuples, comme celui *fig.* 8, parce qu'on la place dans les trous *C*, *C*.

La Figure 11 est le bas d'un Rateau représenté sans aucunes dents.

La Figure 12 est la couverture de ce même Rateau.

*Q*, l'écrou qui sert à le fermer.

## PLANCHE III.

La Figure 1 est une *Cabre* toute montée comme quand on veut plier une Chaîne.

La Figure 2 est le pied de la Cabre vu en face par devant, & séparé de son grand arc-boutant.

*Développement de la Cabre.*

*A*, est le grand montant du pied, qui s'emmanche par son tenon *a*, avec la mortaise *b*, du grand arc-boutant *D*.

*B*, une traverse qui assemble par le bas chacun des arc-boutants *C*, *C*, ainsi que le grand montant *A*.

*C*, *C*, sont les deux arc-boutants qui retiennent le grand montant *A*, par les côtés, afin de le rendre solide sur la traverse *B*.

*D*, le grand arc-boutant de la Cabre.

La Figure 3 est la corde qu'on roule sur une Lanterne, lorsqu'une Chaîne, qu'on plie, est à sa fin. Cette corde sert à faire plier plus facilement la derniere longueur d'une Chaîne.

*F*, un Compasteur garni de son cordon de soie *a*, par lequel on tient libre la seconde ouverture de l'envergeure des musettes, produite par la premiere des deux chevilles errantes d'un Ourdissoir, tandis que le compasteur est placé dans la premiere ouverture.

*H*, est la verge qui sert à retenir le compasteur dans la rainure d'un Ensuple, lorsqu'on commence à plier une Chaîne.

La Figure 4 est la coupe d'un Ensuple vue en face, pour faire appercevoir l'ordre qu'on fait tenir au bout d'une Chaîne qu'on place dans la rainure d'un Ensuple.

*E*, *E*, sont les deux porte-Rateaux qu'on place derriere les grands montants des cabres, lorsqu'on veut mettre une Chaîne au rateau.

*G*, une grande tringle de bois qu'on cloue sur le plancher, afin d'arrêter le bout du grand arc-boutant de chacune des cabres qu'on emploie pour plier les Chaînes.

PLANCHE

## PLANCHE IV.

La Figure 1 eſt un Rateau ouvert, garni de toutes ſes dents.

*P*, la couverture du Rateau.

*f*, *f*, ſont deux chevilles qui ſervent à retenir la couverture *P*, par ſes deux bouts, lorſque le Rateau eſt fermé.

*Q*, un écrou qui ſert à retenir la même couverture du Rateau ſur ſon milieu quand il eſt fermé.

La Figure 2 repréſente un Tambour placé ſur un chevalet: l'un & l'autre ſont vus en face.

La Figure 3 eſt un palonnier qu'on joint aux ſangles ou aux cordes pour roidir le Tambour.

*E*, *E*, ſont deux ſangles qu'on place ſur le bord des aîles du Tambour, afin de donner à une Chaîne qu'on plie, toute la tenſion qui lui eſt néceſſaire.

*F*, une eſſe de fer qui ſe lie avec le crochet *b*, du palonnier, *fig.* 3, & avec celui d'une baſcule, *fig.* 5, *Pl.* VI.

## PLANCHE V.

La Figure 1 eſt l'arbre d'un Tambour.

La Figure 2 eſt un Tambour vu en plan.

*Développement de cette Figure.*

*G*, eſt une des quatre grandes traverſes du Tambour, au bout deſquelles on place les aîles.

*D*, une des huit aîles.

*E*, un des ſeize arc-boutants qui retiennent les aîles, afin qu'elles ne puiſſent pas être rapprochées par les efforts qu'on fait lorſqu'on met une Chaîne ſur le Tambour.

*F*, une des huit petites traverſes qui portent les aîles par un de leurs bouts.

*L*, la manivelle au moyen de laquelle on tourne le Tambour pour rouler une Chaîne deſſus.

La Figure 3 repréſente un Chevalet vu en face par devant.

La Figure 4 repréſente la baſe du Chevalet, *fig.* 3, vue par deſſus.

## PLANCHE VI.

La Figure 1 repréſente encore l'arbre d'un Tambour: il eſt différemment conſtruit que celui qu'on a vu dans la Planche précédente.

*L*, la manivelle de cet arbre.

La Figure 2 est un des deux côtés du Chevalet qu'on a vu *fig.* 3, *Pl.* V.

La Figure 3 est un banc qu'on appelle *Porte-rateau.*

La Figure 4 est un palonnier tenant à deux cordes, desquelles on attache les bouts *f*, *f*, aux pitons *e*, *e*, de l'arbre du Tambour *fig.* 1, de cette Planche, afin de conduire le bout de la Chaîne qu'on plie, jusques sur l'Ensuple, ou à telle distance qu'on juge nécessaire.

La Figure 5 est une bascule, au moyen de laquelle on tend une Chaîne autant qu'il le faut pour la plier comme il convient.

## PLANCHE VII.

La Figure 1 est un des deux côtés d'un Chevalet propre à porter un Tambour pour le pliage des Chaînes.

### *Développement de cette Figure.*

La Figure 2 en est la base.

*C*, est un des grands montants.

*E*, est la traverse supérieure.

*F*, *F*, sont les deux arc-boutants qui rendent solide le Chevalet, & qu'on oppose aux efforts du Pliage.

*L*, une tringle de bois qu'on fixe sur le plancher pour retenir les bouts des arc-boutants, afin que le Chevalet ne puisse pas avancer lorsqu'on plie une Chaîne.

*H*, *H*, sont les deux cordes au moyen desquelles on roidit le Tambour pour qu'une Chaîne soit tendue autant qu'il le faut pour la perfection du Pliage.

Les Figures 3 & 4 sont deux pieces de bois qui forment le haut d'un Chevalet, au moyen de ce qu'on les plante dans la muraille, où elles sont retenues par deux chevilles, & supportées sur le devant chacune par un montant.

*I*, *I*, sont les deux chevilles qui retiennent dans le mur les deux pieces de bois qu'on vient de désigner.

*K*, un des montants qui servent de support aux deux pieces *G*, *G*, afin que le poids du Tambour, qu'elles portent, ne les fasse pas baisser sur le devant.

*f*, une vis de fer qui sert à assembler le montant *K*, avec une des figures 3 & 4.

*M*, une traverse qui sert à tenir les montants *K*, par le bas, dans un écartement convenable à celui du Tambour qu'on place sur l'espece de Chevalet qu'ils forment.

## PLANCHE VIII.

La Figure 1 représente le Rateau porté par les deux porte-Rateaux qu'on a placés sur les deux cabres; cet arrangement est vu en face par derriere les cabres.

La Figure 2 représente les deux Cabres avec un Ensuple dessus, placé comme quand on veut plier.

La Figure 3 est une Cabre vue en face par le côté, avec l'Ensuple dessus.

La Figure 4 est encore une Cabre vue de même, mais avec un porte-rateau seulement.

La Figure 5 représente le bout d'une Chaîne placée dans la rainure d'un Ensuple, dans laquelle la verge qui y retient le compasteur, est placée sur lui seulement.

La Figure 6 représente encore le bout d'une Chaîne placée dans la rainure d'un Ensuple, où la verge, qui y retient le compasteur, est enveloppée par un tour de cette Chaîne. Elle est placée au fond de la rainure de maniere que le compasteur se trouve au-dessus.

## PLANCHE IX.

LA Figure 1 est un Chevalet dont les montants, destinés à porter le Tambour, sont arrêtés ordinairement aux solives du plancher, ou à quelques traverses mises exprès, ou à quelque poutre qui fait la même fonction; de sorte que sa hauteur est ordinairement du haut en-bas de l'attelier où il est placé. Ce Chevalet est garni d'un Tambour dont l'arbre est roidi par des cordes qui l'entourent: il est vu par derriere en perspective.

La Figure 2 est le même Chevalet vu par devant, garni aussi d'un Tambour qui est entouré de deux sangles, qui servent à le roidir lorsqu'on plie une Chaîne, afin qu'elle soit bien tendue.

La Figure 3 est un Tambour vu en perspective hors du chevalet: il est garni de deux cordes, qui, avec le palonnier *B*, conduisent le bout de la Chaîne, qui est ordinairement placé dans le crochet *A*.

*G*, un orillon, dans le trou duquel on place un des bouts de l'arbre du Tambour; c'est le bout du Tambour qui est opposé à celui qui tient la manivelle.

*H*, un autre orillon, dans l'entaille duquel on met le bout de l'arbre du Tambour, du côté de sa manivelle.

## PLANCHE X.

LA Figure 1 représente la maniere de rouler sur le Tambour une Chaîne relevée sur une cheville.

*A*, le Plieur qui tient dans ses mains avec force, par ses deux bouts, la cheville sur laquelle est roulée la Chaîne *E*.

*B*, le Tourneur.

*C*, le Chevalet.

*D*, le Tambour.

La Figure 2 repréſente la maniere de rouler ſur un Tambour une Chaîne relevée à chaînette.

*F*, le Plieur. On le voit tenant avec ſa main gauche, à poignée, la Chaîne qu'on roule ſur le Tambour; & avec la main droite faire couler les chaînons, afin qu'ils ne puiſſent pas s'embrouiller.

*G*, le Tourneur.

*H*, le Chevalet.

*I*, le Tambour.

*K*, la Chaîne.

*L*, une eſpece de boiſſeau dans lequel on met ordinairement la Chaîne, tout en paquet, afin que lorſqu'on plie, les chaînons & replis ne s'entrelacent point les uns dans les autres.

Les Figures 3 & 4 ſont des bancs qui portent le Rateau, pour faire la diſtribution des portées & muſettes d'une Chaîne, lorſqu'on les prépare pour être pliées.

*M*, *M*, ſont deux tabourets, ſur leſquels le Plieur s'aſſied lorſqu'il met une Chaîne au rateau.

## PLANCHE XI.

La Figure 1 eſt un Plieur qui met une Chaîne au rateau.

*a*, une petite verge qui ſert à retenir le compaſteur dans la rainure de l'Enſuple.

*b*, le Compaſteur que le Plieur tient à la main pour diſtribuer les portées de la Chaîne dans les dents du rateau.

*c*, le Rateau.

La Figure 2 eſt le banc porte-Rateau, dont le Plieur ſe ſert actuellement.

La Figure 3 eſt le bout des Cabres ſur leſquelles on place les Enſuples pour plier les Chaînes.

La Figure 4 eſt le Chevalet garni de ſon tambour, ſur lequel eſt roulée la Chaîne *C*, que le Plieur met au rateau.

La Figure 5 eſt la perſonne qui tourne le Tambour & l'Enſuple pour plier les Chaînes. Elle eſt ici vue portant un Enſuple, pour le placer ſur les cabres.

La Figure 6 eſt la cheville ſur laquelle la Chaîne, qu'on doit plier, étoit relevée.

La Figure 7 eſt un Porte-parties.

La Figure 8 eſt un banc porte-Rateau, avec un rateau deſſus.

La Figure 9 eſt un Enſuple à double rebord, n'ayant rien deſſus.

La Figure 10 eſt un Enſuple pareil au précédent, ſur lequel on voit une Chaîne toute pliée.

La Figure 11 eſt encore un Enſuple différent des deux autres, ſur lequel eſt auſſi une Chaîne toute pliée.

*F*, *G*, *H*, *I*, ſont quatre différents Rateaux dont on ſe ſert pour plier les Chaînes, ſuivant la diſtribution qu'on doit faire des portées & muſettes.

## PLANCHE XII.

CETTE Planche repréſente la maniere de plier une Chaîne.

*A*, eſt le Plieur qui tient le Rateau *a*, avec ſes deux mains; il le conduit de maniere à diriger la ſoie ſur l'Enſuple, afin que les portées y ſoient diſtribuées le mieux poſſible.

*B*, eſt l'Ouvrier qui tourne l'Enſuple *C*, au moyen de la cheville *D*, de laquelle il fait paſſer alternativement les bouts d'une main à l'autre.

*C*, l'Enſuple ſur lequel on plie la Chaîne.

*D*, la cheville avec laquelle on tourne l'Enſuple lorſqu'on roule deſſus une Chaîne.

*E*, la Chaîne qu'on plie.

*F*, *F*, ſont les deux Cabres.

*G*, le Tambour ſur lequel la Chaîne qu'on plie eſt roulée.

*H*, le Chevalet qui porte le Tambour.

*I*, le Banc porte-Rateau.

K, une Cheville, de laquelle on ſe ſert pour tourner un Enſuple lorſqu'il n'a point de trous, comme celui *C*.

*a*, eſt le Rateau que le Plieur tient.

*b*, *c*, *d*, ſont trois différents Rateaux dont on ſe ſert pour diviſer les portées des Chaînes qu'on veut plier: ils different les uns des autres par le plus ou le moins de dents, & par leur grandeur.

*e*, ſont des Cordons de ſoie qu'on retire des envergeures; on a ſoin de les accrocher à la cheville *f*, pour s'en ſervir dans le beſoin.

## PLANCHE XIII.

LA Figure 1 repréſente la maniere de mettre au Rateau une Chaîne rayée, ourdie à pluſieurs parties, ſuivant la méthode de Nîmes, d'Avignon, &c.

*A*, eſt le Porte-parties, auquel ſont accrochées les parties de la Chaîne qu'on n'a pas encore placées dans le Rateau.

*B*, eſt le Plieur qui eſt occupé à mettre au Rateau la ſeconde partie de la Chaîne qu'on doit plier.

*a*, eſt le Compaſteur que le Plieur tient à la main, ſur lequel eſt le bout de la partie qu'il range dans le Rateau.

*b*, le Rateau.

*c*, le Compaſteur de la premiere partie qu'on a déja placée dans le Rateau.

*C*, le Banc porte-Rateau.

*D*, le bout des Cabres.

*E*, la Chaîne qu'on doit plier.

*F*, le Chevalet.

*G*, le Tambour ſur lequel on roule la Chaîne pour la plier.

*H*, la Cheville ſur laquelle la Chaîne qu'on va plier, a été relevée.

*I*, l'Enſuple ſur lequel on doit plier la Chaîne.

*K*, la Cheville qui ſert à tourner l'Enſuple

La Figure 2 repréſente une Chaîne ourdie en huit parties miſes au Rateau, excepté la partie du fond.

*A*, le Rateau.

*B*, un Compaſteur ſur lequel eſt placée la partie de fond qu'on n'a pas encore miſe au Rateau.

*C*, *D*, *E*, *F*, *G*, *H*, *I*, les ſept Compaſteurs qui tiennent chacun une des ſept parties qui ſont miſes au Rateau.

*K*, le Tambour ſur lequel la Chaîne eſt roulée.

*L*, la Chaîne toute étendue & diſtribuée dans les dents du Rateau.

## PLANCHE XIV.

Cette Planche repréſente la maniere avec laquelle on plie ordinairement une Chaîne ourdie à pluſieurs parties, & un nouveau moyen de conduire le Rateau avec beaucoup plus de facilité qu'en le tenant & le ſupportant avec les mains.

*A*, le Plieur, qui, avec une ſeule main, conduit le Rateau, & avec l'autre dégage les tenues que les brins de ſoie forment de temps en temps.

*B*, celui qui tourne l'Enſuple ſur lequel la Chaîne ſe roule.

*C*, Un Aide qui a ſoin de ſéparer les parties de la ſoie avec les baguettes qui y ſont entrelacées: il a attention de les prendre alternativement les unes & les autres, & de les reculer en dégageant les tenues que les brins de ſoie forment très-ſouvent.

*D*, l'Enſuple ſur lequel on place la Chaîne.

*E*, *E*, les Cabres qui portent l'Enſuple.

*F*, une perche fixée au plancher de la même maniere que les Tourneurs placent celle dont ils ſe ſervent pour attacher la corde qui, avec leur marche, donne le mouvement aux pieces qu'on tourne.

*G*, la Chaîne qu'on plie.

*H*, le Tambour ſur lequel on a roulé la Chaîne pour la plier.

*I*, le Chevalet qui porte le Tambour.

*a*, le Rateau que le Plieur conduit, afin de bien placer la Chaîne sur l'Ensuple.

*b*, la Cheville avec laquelle on tourne l'Ensuple.

*c*, *c*, les deux Cordes qui sont attachées par un bout à la perche F, & par l'autre tiennent le Rateau.

*d*, *d*, *d*, *d*, les quatre Baguettes, au moyen desquelles on sépare les parties de soie de la Chaîne : elles servent aussi à dégager les tenues qui se forment entre les brins de soie.

## PLANCHE XV.

LA Figure 1 représente la maniere de réunir les envergeures qui sont aux différentes parties d'une Chaîne en une seule, lorsqu'elle est finie de plier.

*A*, représente le Plieur qui prend portée par portée, ou musette par musette les unes après les autres, en suivant dent par dent au Rateau; il place l'envergeure de chacune sur la fourche, afin de n'en faire de toutes qu'une seule.

*B*, celui qui tient la Fourche *b*, avec sa main gauche; tandis qu'avec la main droite il retient les portées qu'on a placées dessus, afin qu'elles ne puissent pas échapper.

*C*, est l'Ensuple sur lequel on a plié la Chaîne.

*D*, le Rateau.

*E*, *E*, les deux Cabres.

*F*, le bout de la Chaîne qu'on a pliée.

*G*, le Palonnier auquel le bout de la Chaîne est accroché.

*a*, le crochet du Palonnier.

*c*, *c*, les deux cordes qui tiennent le Palonnier, & au moyen desquelles on conduit le bout de la Chaîne jusques sur l'Ensuple.

La Figure 2 est la Fourche sur laquelle on place les envergeures des *parties* d'une Chaîne rayée, pour n'en faire qu'une seule lorsqu'elle est finie de plier.

La Figure 3 représente le bout d'une Chaîne rayée qui a été ourdie à huit parties, & qu'on vient de plier; c'est dans cet état qu'on la voit avant qu'on fasse l'opération qu'on vient de voir ci-dessus, *fig.* 1.

*A*, est le Rateau.

*B*, le Palonnier.

*a*, *a*, *a*, *a*, *a*, *a*, *a*, *a*, sont les huit Cordons de soie qui tiennent chacun l'envergeure d'une des huit parties dont la Chaîne est composée par son ourdissage.

La Figure 4 représente le même bout de Chaîne, après qu'on a réuni toutes les envergeures à une seule sur la fourche, & qu'on en a retiré le cordon de soie qui tenoit l'envergeure de chaque partie.

*A*, eſt la Fourche ſur laquelle toutes les envergeures des différentes parties de la Chaîne ſont réunies.

*B*, le Rateau.

*C*, le Palonnier.

La Figure 5 eſt un Cordon de ſoie qu'on place à l'envergeure de la Chaîne, avant que d'en ôter la fourche.

*Fin de la Troiſieme Partie de l'Art des Étoffes de Soie.*

# L'ART DU FABRIQUANT D'ÉTOFFES DE SOIE.

*Par M.* PAULET, *Deſſinateur & Fabriquant en Étoffes de Soie de la Ville de Nîmes.*

## QUATRIEME PARTIE.

*L'Art de faire les Canettes pour les Étoffes de Soie, & les Eſpolins pour brocher.*

## *INTRODUCTION.*

ON ne ſauroit fabriquer aucunes Etoffes de Soie ſans avoir des Canettes, ni *brocher* ſans Eſpolins.

La façon des Canettes & des Eſpolins, conſiſte dans un nouveau devidage des trames qu'on avoit d'abord miſes ſur des rochets ou ſur des bobines, pour les tranſporter ſur de petits tuyaux de roſeau ou de buis; on met ces tuyaux dans les *Navettes*, *fig.* 28, *Pl.* VIII, après les avoir garnis de *trame* pour faire le tiſſu des Etoffes. Ces *Canettes* ou tuyaux ſont longs de 3 pouces ou environ, & ont à peu-près 3 lignes de diametre.

Les Eſpolins ſont auſſi de petits tuyaux faits ordinairement de buis, d'un pouce & demi de longueur, & d'une ligne & demie de diametre; on les place dans des eſpeces de petites navettes, *fig.* 30, *même Planche*, qu'on appelle *Boîtes*, avec leſquelles on broche les Etoffes.

On nomme, en terme de Manufacture, *faire des Canettes* ou des *Eſpolins*, non pas l'opération de fabriquer ces petits tuyaux de roſeau ou de buis, mais celle de les emplir de ſoie, comme on a empli les rochets au moyen du devidage.

On emploie à cet usage des Rouets faits exprès pour cela. Je dis des Rouets, car il y en a de plusieurs sortes, non pas pour différentes opérations, mais parce que quelle que soit leur différente construction, ils remplissent le même objet, avec plus ou moins de perfection & de promptitude, à la vérité; mais si c'est le propre du génie des hommes de tendre toujours à cette perfection par la recherche, il en est aussi à qui l'attachement aux anciens usages, ne permet pas d'en adopter de nouveaux; & c'est-là la raison pour laquelle les méthodes les plus défectueuses trouvent souvent les plus zélés partisans.

Je donnerai la description de quatre de ces Rouets qui m'ont paru les plus parfaits, ainsi que des Cantres ou Doubloirs; car il est bon de savoir qu'il faut, pour faire les Canettes, un Rouet & un Doubloir ou Cantre.

On ne regarde pas dans la fabrique des Etoffes, la façon des Canettes & Espolins comme étant d'une grande conséquence; c'est pour cela qu'on donne cet ouvrage à des enfants. Il semble en effet que c'est si peu de chose, qu'on auroit regret d'y occuper une personne raisonnable; mais ce petit ouvrage exige cependant quelqu'attention: car, de ce qu'il est bien ou mal fait, dépend, à un certain point, la perfection d'une Etoffe, ainsi que son avancement. On se convaincra de ce que j'avance ici, quand, par le détail des procédés, on sera en état d'en juger. Je me bornerai donc à donner la description de quatre *Rouets*, & de cinq Cantres ou Doubloirs.

## CHAPITRE PREMIER.

### *Des Rouets à Canettes dont on se sert à Paris, & dans quelques autres Villes de Fabrique.*

#### SECTION PREMIERE.

##### *Description d'un premier Rouet.*

PLANCHE I.

La Figure 1, *Pl.* I, représente un Rouet à Canettes, dont on se sert à Paris & dans quelques autres Villes de Fabrique.

Sur une espece de banc, formé d'une planche *D*, portée sur quatre pieds *A*, *A*, *A*, *A*, & assemblés par les traverses *B*, *B*, & *C*, s'élevent deux montants *E*, *E*, dont les tenons passent au travers de la planche *D*, & sont clavetés par dessous; au haut de ces montants est une entaille arrondie au fond, dans laquelle est placé l'arbre de la roue.

Cette roue est composée d'un cerceau plat & large d'environ 3 pouces, à chaque côté duquel est un petit rebord formé par deux petits cerceaux pareils au grand, & qu'on y attache avec des clous d'épingle, de maniere qu'ils forment entr'eux une rainure circulaire dans laquelle on place la lisiere sans fin *G*, qui fait tourner la broche *H*, sur laquelle on met les tuyaux pour faire les Canettes.

L'arbre *a*, qu'on a aussi représenté à part dans la même Planche, ainsi que toutes les pieces qui composent ce Rouet, est quarré vers le milieu de sa longueur, & arrondi ensuite des deux côtés. Il entre à force dans le moyeu *b*, dont les bouts sont terminés en hémispheres, pour diminuer le frottement entre les montants *E*, *E*; sur ce moyeu sont plantés à égale distance huit rayons *e*, *e*, *e*, *e*, &c. dont la longueur doit être parfaitement égale entr'eux, pour recevoir juste le cerceau qu'on y attache, & qui forment la roue telle qu'on la voit.

Quant à la manivelle, on peut, en forgeant l'arbre, la former au même morceau par un double recourbement; sinon on réserve au bout de cet arbre un petit tenon, auquel on attache la manivelle en rivant proprement ce tenon par dessus. On peut encore faire ce petit tenon en vis, & tarauder le trou de la manivelle qu'on ôte & met en place quand on veut, comme celle d'une serinette.

A l'autre bout du banc, est un montant *I*, (voyez la piece détachée), au bas duquel est aussi un tenon qui passe au travers du banc, & où on le fixe avec une clavette. Au haut de ce montant sont deux mortaises quarrées, dont l'écartement est à peu-près égal à la longueur de la poulie *f*; on place dans ces mortaises deux petites pieces de nerf de bœuf *g*, *g*, retenues par derriere au moyen d'une tringle *h*: c'est entre ces deux pieces de nerf qu'on place la broche de fer *H*, garnie de sa poulie, & qui passe dans deux trous qu'on y a pratiqués; ensuite on met une corde ou lisiere sans fin *G*, sur la roue & sur cette poulie, & qui la fait tourner; enfin on met une Canette sur cette broche, & on la couvre de soie, ainsi qu'on le verra.

Les quatre traverses *n*, *n*, *n*, *n*, qu'on voit sur le banc de ce Rouet, y sont attachées, & forment un quarré dans lequel on met les Canettes à mesure qu'on les fait, ainsi que les tuyaux dont on se sert pour cela.

On ne doit pas être surpris de ce qu'on préfere, pour tenir la broche, des morceaux de nerf de bœuf; en y mettant un peu d'huile, le frottement en est très-doux, & les filaments dont ils sont composés se prêtent mieux aux efforts de la broche. La hauteur de la base du Rouet est de 18 pouces, sa longueur est de 27; la hauteur des montants *E*, *E*, est d'un pied, & celle du montant *I*, est de 9 pouces: le diametre de la roue en a 20.

La Figure 1 de la Planche X, représente ce Rouet vu géométralement.

## SECTION SECONDE.

### *Description d'un second Rouet dont on se sert aussi à Paris, &c.*

PLANCHE 2.

LA Figure 1, *Pl.* II, représente un autre Rouet tout monté, dont on se sert encore à Paris.

La planche *A*, qui en forme le banc, est portée sur quatre pieds *B, B, B, B*, dont l'écartement, par le bas, donne plus d'assiette à la machine; ces quatre pieds sont assemblés au moyen de quatre traverses *C, C, D, D*. Sur ce banc s'élevent deux montants *E, E*, dont on ne voit que l'un, l'autre étant caché par la roue *F*; ces deux montants ont chacun un tenon qui passe au travers de la planche *A*, sous laquelle ils sont clavetés. Au haut de ces montants est une entaille arrondie au fond, & qui reçoit l'axe de la roue, en sorte qu'elle se trouve portée de la maniere qu'on le voit *fig.* 2, qui représente cette partie du Rouet vue de profil.

Cette roue *F*, dont le diametre est d'environ 18 pouces, est formée d'une ou de deux planches assemblées à languette & rainure. Au centre est un trou quarré *l*, qui reçoit le petit moyeu *m*, dont les extrémités sont arrondies. Ce moyeu reçoit lui-même l'axe de la roue *b*, auquel tient la manivelle: on voit sur cet arbre une partie quarrée pour le moyeu; ensuite sont deux collets ronds qui tournent dans les entailles.

A l'autre bout du banc, s'élevent deux autres montants *I, I*, dont la figure 3, en en montrant le profil, fait voir l'écartement. Ils sont attachés sous le banc comme les deux premiers, par une clavette; & au lieu d'entailles, ils n'ont, par le haut, qu'un trou chacun, dans lequel entre le bout d'une broche de fer, qui sert d'axe à une longue poulie, ou, pour mieux dire, à plusieurs poulies de différents diametres, prises sur le même morceau, ce qui lui donne une forme conique: vers l'un des bouts de ces poulies est réservée une partie quarrée *a*, *fig.* 4, sur laquelle est fixée la seconde roue *H*.

Sur le devant du Rouet, (& j'appelle le devant, le côté où est la manivelle), sont attachés, à peu-près au milieu de sa longueur, deux coulisseaux *i, i*, entre lesquels glisse le montant *L*, assemblé à angles droits avec la piece de bois *h*, dont il est à propos de donner d'abord l'explication. Cette piece de bois *h*, est égale en largeur à l'écartement des coulisseaux; & sur sa longueur est une entaille, entre laquelle passe une vis de bois *n*, dont la tête, plus large que cette entaille, presse cette piece de bois contre le banc, quand on serre cette vis, & l'arrête à l'endroit où on veut la fixer. On conçoit aisément que par ce moyen le montant *L*, a la faculté d'avancer & reculer comme on le juge à propos. Au haut de ce montant sont deux pieces de nerf *f, f*, destinées l'une & l'autre au même usage, semblables à celles dont il est parlé dans la Section précédente, & retenues de même par une broche de fer *g*. Ces deux morceaux de nerf

nerf portent une broche de fer *e*, & ſa poulie *d*, qui tourne au moyen d'une corde ſans fin qui embraſſe la petite roue, & de-là vient paſſer ſur la poulie *d*, de la broche; & quand elle eſt trop lâche ou trop tendue, on a la faculté de l'avancer & reculer comme on le deſire. Quant à la corde de la grande roue, pour la tendre ou lâcher, il ſuffit de la mettre ſur une poulie d'un plus grand ou d'un moindre diametre.

Tel eſt le Rouet dont on ſe ſert aſſez communément à Paris, & dont l'objet eſt de procurer une plus grande rotation aux Canettes par ce renvoi de mouvement; car ſi on ſuppoſe que la circonférence de la poulie, qui tient à la petite roue, eſt contenue trente fois dans celle de la grande roue, quand celle-ci aura fait un tour, la poulie, & la roue qui tourne avec elle, en aura fait trente; & ſi la circonférence de la poulie de la broche, eſt contenue vingt fois dans celle de la petite roue, chaque tour que celle-ci fera, la broche en aura fait vingt; & pour reprendre tout ce calcul, quand la grande roue aura fait un tour, la broche en aura fait 600. Qu'on juge par-là de la viteſſe de cette rotation.

La Figure 2 de la dixieme Planche, repréſente ce Rouet vu par-deſſus.

## SECTION TROISIEME.

### *Deſcription des Doubloirs ou Cantres.*

LA Figure 1, *Pl.* III, repréſente un Doubloir aſſez en uſage à Paris & dans quelques autres endroits. PLANCHE 3.

*A*, eſt une planche qui lui ſert de baſe: elle eſt portée ſur quatre pieds *B*, *B*, *B*, *B*, & autour ſont clouées quatre tringles de bois *C*, *C*, *C*, *C*, de 2 ou 3 pouces de large, qui forment de cette baſe une eſpece de tiroir.

Vers les extrémités de la baſe, & au milieu de la largeur, s'élevent deux montants ronds *D*, *D*, aſſemblés par le bas au moyen de tenons, & retenus par le haut par la traverſe *E*, qui, en les tenant dans un égal écartement, contribue encore à la ſolidité de la machine. Sur la hauteur des montants, ſont percés pluſieurs trous qui ſe répondent horizontalement, & dans leſquels on met une tringle de fer comme *F*, ſur laquelle paſſent les bouts de ſoie venant des bobines, ainſi qu'on peut le voir *fig.* 1, *Pl.* IX.

Sur la même baſe, & dans l'alignement des montants, ſont de petites chevilles plantées debout dans la planche; c'eſt-là qu'on met les bobines auſſi debout par leur tête lorſqu'il s'agit de faire les Canettes, & par ce moyen la ſoie ſe déroule de deſſus ces bobines, & va paſſer ſur les tringles *F*, pour ſe réunir ſur la Canette.

La longueur de la baſe eſt de 22 pouces, ſa largeur de 8, & la hauteur des montants *D*, *D*, eſt de 3 pieds & demi. Tel eſt l'uſage des Doubloirs, dont la forme ne varie que pour offrir plus de commodité.

*Autre Doubloir.*

La Figure 2 représente un troisieme Doubloir parfaitement semblable au premier qu'on a vu, à cela près qu'il est monté sur quatre pieds assez élevés, & qui vont en s'écartant par le bas pour lui donner plus de solidité, & que la traverse *E*, du haut, reçoit les tenons des montants *D*, *D*.

*Autre Doubloir.*

La Figure 3, même Planche, est un autre Doubloir monté aussi sur quatre pieds *A*, *A*, *A*, *A*, assemblés à tenons & mortaises aux traverses *C*, *C*, *D*, *D*. A l'armoire près, il ressemble assez à celui que représente la figure 2; mais sous sa base sont deux tiroirs, dont l'usage est le même que celui de l'armoire, quoique moins commode. Au surplus, je ne m'arrêterai pas à des descriptions fatiguantes pour le Lecteur le moins intelligent, à qui l'inspection de la figure suffit pour la faire entendre.

---

## CHAPITRE SECOND.

### *Description du Rouet à Canettes dont on se sert à Nîmes, à Avignon, & dans quelques autres Villes de Manufactures.*

#### SECTION PREMIERE.

PLANCHE 4.

La Figure 1, *Pl.* IV, représente un Rouet à Canettes dont on se sert à Nîmes, Avignon, & autres endroits.

La base est composée de deux forts morceaux de bois *A*, *A*, à l'extrémité de chacun desquels est une des pommelles *D*, *D*, *D*, *D*, faites au tour, qui servent de pied à la machine. Ces deux pieces de bois sont assemblées par le milieu à tenons & mortaises par la traverse *B*, dont la surface supérieure affleure celle des morceaux de bois *A*, *A*. Telle est la base de cette machine, qui, par elle-même, présente beaucoup de solidité & d'assiette. Vers un des bouts de la traverse *B*, sont plantés deux montants *E*, *E*, clavetés par dessous, au haut desquels est une entaille arrondie au fond pour recevoir l'axe de la roue *F*, sur le plat de laquelle le Tourneur qui la fait, a coutume de former des moulures pour l'ornement de la machine. Le centre de cette roue *F*, représentée séparément en face, est percé d'un trou quarré, dans lequel entre une piece de bois aussi quarrée *b*, arrondie par les deux bouts ; mais à cauſe des deux roues contenues entre l'écartement des montants *E*, *E*, il eſt néceſſaire que l'une ſoit plus vers la droite, & l'autre vers la gauche, pour que tournant parallélement, elles ne ſe touchent pas ; c'eſt pourquoi la partie quarrée qu'on voit ſur ce noyau, eſt plus vers un bout que vers l'autre, ce qui ſera pratiqué de même au noyau de la ſeconde roue dont je vais parler. Il eſt inutile, je crois, d'obſerver que ces noyaux ou moyeux doivent être aſſez longs pour rouler ſans frottement ni balottement entre les deux montants ; celui de la roue *F*, eſt percé au centre, & reçoit la partie quarrée de l'arbre *d*, auquel eſt jointe ſa manivelle.

Sur l'épaiſſeur des montants & en dehors de la machine, à une hauteur convenable, ſont attachés deux *orillons* de bois *n*, *n*, qui reçoivent l'axe de la roue *H*, qui doit être un peu plus grande que la premiere ; ainſi la hauteur à laquelle on place ces orillons ou gouſſets, dépend du diametre de la roue qu'on emploie. On a repréſenté à part en *m*, l'axe de cette ſeconde roue, & à côté on le voit en *O*, garni d'un moyeu où on réſerve une partie quarrée, & le reſte eſt rempli de rainures, formant autant de poulies pour placer la corde ſans fin de la premiere roue.

A l'autre extrémité de la baſe, eſt aſſemblé debout un montant *L*, très-ſolidement dans la piece de bois *A* ; à un demi-pouce de diſtance ou environ, eſt une ſeconde mortaiſe qui reçoit le tenon du montant *K* ; mais celui-ci y entre librement, pour pouvoir ſe prêter aux mouvements qu'il doit éprouver. Au haut du montant *L*, eſt une vis *M*, à tête, qui paſſe dans un trou qu'on y pratique, ſans que les *pas*, dont elle eſt formée, y prennent ; & même près de ſa tête eſt une partie qu'on ne *taraude* point : (voyez la piece ſéparée ſous la même lettre) ; mais elle entre très-juſte dans le montant *K* ; & l'on conçoit qu'en tournant un peu cette vis, on attire le montant ou on le repouſſe à volonté pour tendre la corde ſans fin *I*, de la roue d'en-bas.

Au haut de ce montant *K*, ſont deux pieces de nerf de bœuf *h*, *h*, comme à ceux qu'on a déja vus, retenus derriere par la tringle *g*, & percés par l'autre bout pour recevoir la broche *f*, garnie de ſa poulie *e* ; dans cet état la machine eſt toute montée, & n'a plus beſoin, pour être parfaitement entendue, que d'être conſidérée en travail.

Quand on tourne la manivelle *d*, la roue *F*, qu'elle mene, fait tourner, au moyen de la corde ſans fin *G*, qui paſſe dans la rainure *a*, la poulie *n*, qu'on ne ſauroit voir ſur la figure. Cette poulie mene à ſon tour la roue *H*, qui, par ſa corde ſans fin *I*, mene la broche *f* ; & ſi cette corde n'eſt pas ſuffiſamment tendue, on tourne un peu la vis *M*, qui attire le montant *K*, & la tend autant qu'il eſt néceſſaire.

Pour rendre plus commode cette Machine, on y a ajouté une tablette *N*, propre à recevoir les tuyaux, les canettes & autres choſes. Voyons comment on l'y adapte.

La Figure 3, *même Planche*, représente cette tablette toute montée; *N*, est la tablette; *t*, *t*, *t*, *t*, sont de petites tringles qu'on attache tout autour sur ses bords pour lui servir de rebord; *O*, est un montant qu'on assemble dans la planche *N*, à queue d'aronde, & au bas duquel est un tenon qui entre dans la mortaise *i*, sur la base de la Machine. Sur un des bords de la planche *N*, en *q*, est un tenon pris sur sa largeur, qui entre dans une autre mortaise *K*, qu'on voit sur l'épaisseur du montant de devant *E*; par ce moyen cette tablette est rendue solide, & va jusqu'auprès de l'orillon *n*, en posant juste contre le montant.

*P*, représente un tiroir qu'on place sous la tablette *N*, au moyen de deux coulisses à languettes qui entrent dans les côtés du tiroir, au haut desquels on pratique une rainure. On a représenté dans ce tiroir plusieurs divisions formées par de petites planches, pour lui donner plus de commodité.

La Figure 2, *même Planche*, représente la Machine vue en perspective entre les deux montants *E*, *E*, qu'on a ôtés de dessus la base; on a eu dessein de faire sentir le jeu des cordes sans fin sur les roues & sur les poulies, ainsi que leur position respective.

On a eu soin aussi, dans la même Planche, de représenter les pieces détachées sous les mêmes lettres qui les indiquent sur la Machine montée, pour mieux les faire comprendre.

La Figure 1, *Pl.* XII, représente le plan géométral de ce Rouet.

## SECTION SECONDE.

*Description du Doubloir dont on se sert ordinairement avec le Rouet précédent.*

PLANCHE 3.

CE Doubloir, représenté par la figure 4, n'a rien de différent, pour l'usage, de celui que représente la figure 3; on a seulement imaginé, pour mettre à profit la place, que les quatre pieds de celle-ci rendent inutile, de pratiquer au bas de celui dont je parle, une armoire qu'on peut fermer à clef, pour y mettre tout ce qu'on juge à propos; ainsi je ne m'arrêterai pas à en donner de description qui, après ce qu'on a dit, ne manqueroit pas de paroître rebutante.

CHAPITRE

## CHAPITRE TROISIEME.

### *Description d'un autre Rouet à Canettes, en usage dans beaucoup de Manufactures, & de son Doubloir.*

### SECTION PREMIERE.

#### *Description du Rouet à Canettes.*

PLANCHES 5 & 6.

LE Rouet que nous allons décrire, & qui est représenté par la figure 1, *Pl.* V, ressemble à tant d'égards au précédent, qu'après avoir bien entendu le premier, la simple exposition de celui-ci le rendra très-facile à saisir.

Je crois ne devoir rien dire de la base, des montants *E*, *E*, & des montants de devant, qui sont absolument les mêmes ; mais la différence consiste en une assez simple mécanique renfermée entre les montants *E*, *E*, & dont je vais donner la description avec quelque détail.

Sur la surface intérieure des deux montants *E*, *E*, & dans toute leur longueur, ( voyez ces deux montants, *Pl.* VI, où on a été obligé de placer les pieces séparées de ce Rouet ), est pratiquée une rainure *a*, profonde d'un pouce ou environ, & large d'un pouce & demi, dans laquelle glisse le chassis *C*, *C*, *fig.* 2, *Pl.* V. Au bas de ce chassis, est placé l'arbre de la roue *H*, sur lequel elle est solidement fixée. Le moyeu ou noyau qui est à son centre, tient tout l'écartement des deux tringles *C*, *C*, qui, lui-même, est égal à celui des montants *E*, *E*, pris au fond des rainures *a*, *a*, & est terminé en rond par les bouts & sur sa longueur ; depuis le quarré où on place la roue à l'une de ses extrémités, jusqu'à l'autre extrémité, sont pratiquées plusieurs rainures circulaires en forme de poulies, afin qu'on puisse choisir celle qui répondra perpendiculairement à la roue supérieure. Au milieu de la traverse *G*, qui assemble par le haut les deux tringles *C*, *C*, est un trou dans lequel entre le collet d'une vis en bois *L*, dont on va expliquer l'usage.

Au haut des montants, est une planche *F*, qui y est fixée au moyen de quatre vis de fer *b*, *b*, *b*, *b*: au milieu de cette planche est un trou qui répond perpendiculairement à celui du milieu de la traverse *G*, & qui est taraudé pour recevoir la vis *L*. Il ne reste plus, pour achever de faire sentir le mécanisme de ce Rouet, qu'à le considérer en mouvement.

Si l'on fait tourner la manivelle *f*, la roue *K*, dont l'axe repose dans les orillons *d*, *d*, tournera aussi ; & au moyen de la corde sans fin *I*, qui passe dans sa rainure & dans celle des poulies pratiquées sur le moyeu de la roue *H*, qui lui est perpendiculaire, elle mene cette même roue *H*, qui fait tourner enfin la broche *h*, par le secours de la corde sans fin *M*, qui passe sur la poulie *i*, & dans la rainure de cette roue *H*.

Toutes les pieces qui composent cette Machine sont, comme on l'a dit, représentées dans la Planche VI, à part; je renvoie le Lecteur à l'explication des Planches pour celles qui n'auront pas, dans la description totale, mérité d'être traitées en particulier.

La Figure 2, *Pl.* V, représente le chassis qui porte la roue inférieure vue en perspective: on y a supprimé la roue *K*, dont on n'a laissé que des traces par une ligne ponctuée, pour rendre la figure plus aisée à comprendre.

La Figure 3, *même Planche*, représente les deux roues vues de profil entre les deux montants, pour rendre sensible la position des cordes sans fin, & leur position réciproque.

La Figure 4 représente la tablette qu'on adapte au devant du Rouet: elle est semblable à celle que nous avons décrite en parlant du Rouet précédent; toute sa différence consiste dans le pied *R*, qui la supporte, au lieu du montant qu'on voit à l'autre.

On ne sauroit nier que ce Rouet n'ait, sur ceux qu'on a vus jusqu'ici, beaucoup de supériorité; en effet, la qualité qu'on y remarque est de pouvoir tendre les cordes sans fin à un point convenable: elles se lâchent ou se tendent sans cesse selon la température de l'air, ainsi que celle de l'endroit où l'on travaille; les montants retenus par le haut en font plus solides.

En accordant à ce Rouet la supériorité sur les autres, me saura-t-on gré de dire que son Auteur est un Avignonnois? c'est une justice que je rendrai toujours aux talents, en attribuant, avec autant de zele que d'impartialité, à chaque Auteur les inventions dont ils nous ont enrichis, quand ils se seront fait connoître.

On a imaginé encore un autre Rouet à peu-près pareil à celui-ci, mais auquel le chassis, au lieu de soutenir la roue d'en-bas, porte celle d'en-haut; il est certain qu'il n'est pas aussi parfait que le premier, en ce que dans l'un la vis *L*, ne porte rien du tout: elle ne sert tout au plus qu'à empêcher le chassis de remonter, puisque le poids de la roue le précipite vers le bas; au lieu que dans ce nouveau, la vis attirant à elle & la roue & le chassis, fatigue beaucoup & dépérit promptement. Ce Rouet est représenté *fig.* 2, *Pl.* XII, à vue d'oiseau.

## SECTION SECONDE.

### *Description d'un Doubloir dont on se sert communément avec le Rouet précédent.*

LE Doubloir qu'on voit dans la Planche VII, est à quatre faces, & rend par conséquent le service de quatre de ceux qu'on a vus. PLANCHE 7.

Sur une base quarrée *A*, entourée de tringles *B*, *B*, *B*, *B*, pour en former une espece de boîte, & élevée sur quatre pieds *C*, *C*, *C*, *C*, dont le quatrieme ne peut se voir, est planté au milieu, en tout sens, un pivot ou arbre *D*, au moyen d'un tenon par le bas *a*, ensuite duquel est réservée une partie quarrée *b*, d'environ 5 pouces de long. Le corps de cet arbre est rond, & a par le haut un collet *c*, surmonté, si l'on veut, d'une pommelle *d*, ou autre ornement fait sur le tour. Tel est le pivot sur lequel roule le Doubloir dont on va donner la description.

A chacun des quatre coins de deux planches quarrées *E*, *G*, moins grandes que la base, est un trou rond où s'assemblent les quatre montants *F*, *F*, *F*, *F*, haut & bas, ce qui forme la cage qu'on voit dans cette Planche. Au milieu, en tout sens, de la planche d'en-bas *G*, est un trou rond propre à recevoir l'arbre *D*; & au milieu de celle d'en-haut en est un autre moins grand & fait pour en recevoir le collet, au moyen de quoi toute cette cage repose sur le haut de l'arbre, & peut tourner aisément de tous côtés. Sur la planche d'en-bas *G*, & dans l'alignement des quatre montants, est une rangée de chevilles *e*, *e*, *e*, *e*, &c. à chaque face, dont on se rappelle sans doute l'usage. Vers le milieu de la hauteur de chaque montant, sont des trous dans lesquels on place les petites tringles de fer *I*, *I*, *I*, *I*, sur lesquelles glisse la soie venant des bobines en-bas, ou des rochets qu'on met dessus, quand on se sert de rochets.

Quelques Ouvriers font aussi mettre quatre traverses *H*, *H*, *H*, *H*, au haut de ce Doubloir, pour servir de boîte, & où ils mettent des tuyaux vuides.

On construit des Doubloirs à cinq & même à six faces; il seroit même facile d'en multiplier le nombre; mais celui-ci a paru suffisant, & ils n'en ont plus communément que quatre. Je vais donner la maniere de se servir des Machines que je viens de décrire.

## CHAPITRE QUATRIEME.

### *Description des Tuyaux qui servent à faire les Canettes & les Espolins.*

Les Tuyaux qu'on emploie pour faire les Canettes, & les Espolins que l'on prépare pour former le tissu des Etoffes de soie, & pour faire des fleurs en or, en argent ou en soie sur une partie de ces Etoffes, sont faits de roseau, d'os ou de buis.

Les Tuyaux de roseau qu'on destine pour les Canettes, sont ordinairement de 2 pouces & demi de longueur ou environ, & depuis 3 jusqu'à 4 lignes de diametre; & ceux qui sont choisis pour faire les Espolins, sont d'environ 15 à 16 lignes de longueur, & de 2 lignes de diametre au plus.

La Figure 1, *Pl.* VIII, représente un Tuyau de roseau dans la grandeur qu'on vient de dire pour ceux dont on se sert pour faire les Canettes; & la Figure 2, *même Planche*, en représente un dans la grandeur qu'on vient d'expliquer pour ceux qui servent à faire les Espolins.

Sans doute que le terme de Canette vient de ce que les Tuyaux qu'on emploie pour les faire, sont tirés, en grande partie, d'une espece de cannes, plantes qui croissent au hasard sur les bords de quelques rivieres, & de celles qu'on a soin de cultiver dans plusieurs Provinces.

Les cannes sont de grandes tiges droites produites au nombre de 12 ou 15 par une même racine. La hauteur de ces tiges varie de même que leur grosseur; de maniere que l'on en trouve qui n'ont que 10 pieds, tandis que d'autres, qui partent de la même racine, en ont 20 & 30. Chaque tige est enveloppée, depuis le bas jusqu'au haut, de feuilles qui la couvrent si exactement, qu'il est impossible de l'appercevoir par aucun endroit, à moins d'arracher quelqu'une de ces feuilles.

Toutes les cannes de l'espece de celles dont il est ici question, sont creuses & vuides dans leur longueur; en sorte que si ce vuide n'étoit pas divisé sur la longueur par des nœuds, qui sont le principe de chacune des feuilles qui couvrent une canne, toute la tige ne formeroit qu'un seul tuyau: il est facile d'imaginer que ces tiges vont en diminuant de grosseur depuis la racine jusqu'à leur extrémité. Les nœuds qui sont formés par les feuilles sur la longueur d'une de ces cannes, ne sont pas à une égale distance, ils sont plus rapprochés à mesure que la tige diminue de grosseur; de façon que l'intervalle qu'on apperçoit du premier nœud au second, est plus grand que celui qui se trouve entre le second & le troisieme &c. En général, plus une canne est grosse, & plus les nœuds sont éloignés,

éloignés, ce qui doit faire ſuppoſer qu'une groſſe tige eſt ordinairement plus élevée qu'une petite, parce qu'à l'extrémité des unes & des autres, quelque groſſeur qu'elles aient par le bas, on trouve les mêmes proportions dans la diſtance des nœuds & dans la groſſeur.

Une canne produit autant de tuyaux qu'elle a de nœuds ſur ſa longueur : il y en a depuis 15 pouces de longueur juſqu'à un pouce, & même au-deſſous. On rencontre de ces grands tuyaux au pied d'une canne qui ont quelquefois 2 pouces de diametre, tandis que ceux de ſon extrémité ont à peine une ligne & demie : c'eſt précisément dans cette derniere partie qu'on choiſit les tuyaux qu'on deſtine pour les Canettes & pour les Eſpolins, parce que du côté de la racine la canne ſe trouve trop groſſe pour l'employer à cet uſage.

Nous avons encore une eſpece de roſeaux qui croiſſent dans les petites rivieres bourbeuſes, & dans les marais, ſur les tiges deſquels on prend beaucoup de tuyaux pour les Canettes & pour les Eſpolins. Ces tiges ſont bien moins grandes & moins groſſes que les cannes dont je viens de parler; mais elles ſont, comme les autres, couvertes de feuilles diviſées par des nœuds, & creuſes en dedans. On trouve dans leur longueur des tuyaux qui conviennent beaucoup mieux aux canettes, parce que leur forme n'eſt pas ſi conique que celle de ceux qu'on choiſit parmi les tuyaux des Cannes : ils ſont même plus légers ; mais ils ne ſont pas généralement ſi polis ni ſi ſolides que les premiers ; cependant avec les précautions qu'on indiquera, on pourra les rendre auſſi durables les uns que les autres, & auſſi propres à la fabrication.

J'ai cru devoir parler ici de l'une & de l'autre, parce qu'on ne trouve pas dans toutes les parties du Royaume, deux eſpeces de roſeaux ou cannes. Cette raiſon engage à ſe ſervir des uns au défaut des autres. Du reſte, je n'ai pas cru qu'on dût me ſavoir mauvais gré d'avoir donné une idée de cette ſorte de plante, de laquelle je ſerai obligé de parler plus amplement dans la ſuite, parce que dans la fabrication des étoffes, on l'emploie à faire des uſtenſiles encore plus eſſentiels.

Dans les pays où l'on trouve communément ces deux eſpeces de roſeaux, on peut choiſir celle qui convient le mieux à l'emploi qu'on veut en faire; car il eſt vrai que pour fabriquer certaines étoffes, les tuyaux des roſeaux ſont plus convenables que ceux des cannes, comme il eſt vrai auſſi que ceux des cannes ſont plus néceſſaires à la fabrication de certaines autres étoffes, à cauſe du plus ou du moins de légéreté. Par exemple, lorſque dans une Etoffe de ſoie, quelle qu'elle ſoit, on emploie de la *lame or* ou *argent*, on a ſoin de choiſir les tuyaux les plus légers, & néanmoins d'une longueur & d'une groſſeur ordinaires ; au lieu que pour le *filé*, *le friſé*, le *ſurbet* & le *cordonnet*, on ſe ſert de tuyaux un peu plus peſants, pour les raiſons qu'on verra ailleurs.

Il y a quelques Fabriquants qui, pour les Canettes & les Eſpolins, ſe ſervent de tuyaux de roſeaux, tels que ceux *fig.* 1 & 2, de cette Planche, qui n'ont aucune préparation pour être conſervés & pour retenir la ſoie qu'on place deſſus ; cette méthode devient très-ſouvent pernicieuſe à la fabrication de l'étoffe & à la ſoie elle-même ; parce qu'à meſure qu'elle ſe déroule de la Canette pour s'étendre dans la largeur de l'étoffe, ſi les brins ſont inégalement tendus, il en paſſe ſur les *pointiſelles*, *fig.* 29 & 31, ( qui, dans la navette *fig.* 29, ou dans la boîte, *fig.* 30, ſervent d'axe à la Canette ), ſur laquelle il s'entoure quelque brin ; de ſorte que la Canette ne peut plus tourner, & ſouvent il faut en caſſer les brins, parce que la navette ſe trouve retenue dans ſa courſe entre les deux *pas* de la chaîne, dans la largeur de l'étoffe ; il faut alors, avec les doigts, la prendre à travers, en écartant les brins de la chaîne, après avoir eu la précaution de caſſer ceux de la trame : il arrive même qu'en retirant la navette à travers la chaîne de la maniere que je viens de le dire, la ſoie de la Canette s'éboule davantage ; en ſorte qu'il en réſulte une perte de temps ; un dégât de ſoie, & une imperfection pour l'étoffe, ſoit par le rapprochement ou *l'étranglement* des liſieres, ſoit par des *épaniſſures*, ou par un crépillonnement à l'étoffe, occaſionné par le trop de tenſion que la trame aura eſſuyée, ou encore d'autres accidents qu'il ſeroit trop long de détailler ici.

Pour prévenir tous ces inconvénients, la plus grande partie des Fabriquants uſent d'une précaution qui, en conſervant les tuyaux, conſerve auſſi la ſoie de maniere qu'aucun brin ne paſſe ſur la pointiſelle, & qu'on n'éprouve, dans la fabrication de l'étoffe, aucun dérangement provenant des Canettes ; c'eſt en garniſſant les deux bouts de chaque tuyau avec du fil ou de la ſoie, comme celui *fig.* 3, par ſes deux rebords *a*, *a*, & par ceux *b*, *b*, *fig.* 4, qu'on parvient à travailler ſans difficulté, en ſe ſervant cependant des tuyaux de roſeau.

On a pluſieurs manieres pour placer le fil ou la ſoie ſur les tuyaux, afin d'y former les rebords néceſſaires pour retenir la ſoie avec laquelle on fait les Canettes ; les uns entourent ſimplement un fil à chaque extrémité du tuyau, ils le ſerrent avec autant de force qu'il en eſt beſoin : ils en arrêtent les deux bouts en les nouant enſemble ; d'autres en font de même avec une certaine quantité de brins de ſoie raſſemblés : quelquefois, afin que le fil ou la ſoie tiennent mieux ſur le tuyau, on le couvre de cire. Certaines perſonnes forment un *Ligneul* de fil ou de ſoie, & le placent encore de la même maniere qu'il vient d'être dit. Tous ces ſoins ſont bons juſqu'à un certain point, mais aucun ne vaut la méthode que je vais rapporter, & dont j'ai reconnu la bonté par pluſieurs expériences ; tellement que j'ai lieu de douter que l'on trouve un autre moyen qui fût auſſi ſolide & auſſi commode pour préparer les tuyaux dont on a beſoin.

Voici qu'elle doit en être l'exécution.

On raſſemble pluſieurs brins de ſoie pour n'en faire qu'un ſeul, qu'on enduit de cire, pour en faire une eſpece de ligneul qu'on pelotonne ſur une cheville de bois, *fig.* 5 ; enſuite avec un petit couteau à ſcie, *fig.* 6, on fait de petites entailles à chaque bout d'un tuyau, comme on l'apperçoit en *c*, *c*, *fig.* 7, & en *d, d, fig.* 8, sur chacun desquels on en a pratiqué plusieurs, qui tiennent à peu-près l'espace que le ligneul peut occuper à chaque rebord qu'on veut former. La surface du roseau est extrêmement unie & polie, & elle ressemble à un beau vernis : elle est si lisse, que rien ne s'y peut coller dessus qu'avec une peine extraordinaire, & avec un soin particulier ; c'est à cause de cela qu'on pratique dessus les petites entailles dont je viens de parler, afin que les différents contours du ligneul, qu'on place sur chaque bout du tuyau, ne puissent pas glisser lorsqu'ils y sont une fois arrêtés.

Dans ce qu'on va voir sur la maniere de garnir les tuyaux, on remarquera qu'on arrête le ligneul sur chaque bord, d'une maniere très-simple, & sans être obligé de faire aucun nœud : c'est pour les éviter qu'on a imaginé cette méthode, parce qu'on a reconnu par l'expérience, que la grosseur d'un nœud excede du double la hauteur du rebord qu'on a formé, & que cette grosseur est si dangereuse, qu'on ne peut pas travailler long-temps une étoffe sans que ce nœud s'accroche aux fils de la chaîne, qu'il n'en arrache quelques-uns, & qu'il ne produise d'autres petits accidents.

Voici la maniere d'arrêter solidement & proprement les bouts du ligneul sans nœud & sans qu'il y paroisse même la moindre grosseur.

On coupe d'abord une longueur de ligneul, telle qu'il la faut pour fournir à la quantité de tours qu'on doit mettre pour former une des deux têtes du tuyau ; ensuite on en fait une espece de boucle qu'on retient entre le doigt index & le pouce, *fig.* 9 ; on place cette boucle *A*, contre le tuyau, *fig.* 10 : on prend le grand bout *B* du ligneul, *même figure*, on l'entoure sur le tuyau, *fig.* 11, autant qu'il en est besoin ; on passe le bout *C* dans la boucle *D*, qui est placée sur le tuyau, *même figure* : on étend ce bout de ligneul comme on le remarque en *E*, *fig.* 12, de maniere qu'il tienne serrés tous les tours qu'on en a mis sur le tuyau, afin qu'en tirant le bout *F*, qui forme la boucle *G*, on puisse faire passer sous ces même tours du ligneul, une partie du bout *E*, & le rendre comme il est en *H*, *fig.* 13, où l'on apperçoit qu'avec le bout *G*, on a exécuté ce que je viens d'expliquer.

Il est aisé de comprendre, en considérant toutes les figures, qui représentent les différentes opérations qu'on fait pour garnir les tuyaux de roseau, que les deux bouts du ligneul qui forment une des têtes d'un de ces tuyaux, sont retenus sous les contours par le ligneul lui-même, & qu'ils y tiennent l'un par l'autre, comme le représente la figure 14, où l'on a pris soin de couper les contours du ligneul qui couvrent ses deux bouts. On apperçoit un enlacement formé par deux mêmes bouts, qui est produit par la boucle qui a attiré le bout qu'on y a passé, laquelle on a pris soin de serrer, & de ne point la faire passer plus avant que la moitié de l'espace que la quantité des contours du ligneul occupe.

Après qu'on a fait tout ce qui vient d'être dit, & qu'on a mis les deux bouts du ligneul dans l'état qu'on vient de voir par la figure 13, on coupe les deux bouts près du rebord, en sorte qu'ils ne paroissent pas du tout.

Il y a des Ouvriers qui ne font qu'un rebord à chaque tuyau ; en cela ils ne leur donnent pas beaucoup plus de perfection que s'il n'en avoit pas du tout. La bonne méthode est de leur en former deux comme celui *fig.* 3 ; & lorsqu'on les y a faits, on roule le tuyau sur une planche bien unie, pour polir les rebords afin qu'en travaillant les étoffes auxquelles on les emploie, ils ne puissent point arracher les fils de la Chaîne.

En rangeant les tuyaux de la maniere que je viens de décrire, non-seulement on prévient les accidents qui arriveroient à la soie & à l'étoffe ; mais on a l'avantage aussi de s'en servir long-temps, parce qu'on ne risque plus de les refendre en les plaçant sur la broche du Rouet à Canettes ; au lieu que ceux qui ne sont point garnis, au moindre effort qu'on leur fait éprouver, ne peuvent plus servir : ce n'est pas à cause du prix qu'ils coûtent qu'on prend cette précaution, puisqu'ils ne valent que deux sols le cent ; mais c'est qu'il arrive très-souvent qu'étant fendus, ils s'écrasent entre les mains lorsqu'ils sont pleins de soie, alors on perd les tuyaux & la soie qui les couvroit, lesquels cessent d'être propres à aucun usage.

Les tuyaux de roseaux sont ordinairement employés pour faire les Canettes pour la fabrication des étoffes unies; quelquefois on s'en sert pour les étoffes façonnées. Ceux avec lesquels on fait les Espolins, sont employés pour les étoffes brochées ; mais comme pour les grosses étoffes on met ensemble une grande quantité de brins, pour former la grosseur des *duites* de la trame, on s'est apperçu que ces tuyaux étoient trop légers, c'est ce qui a donné l'idée d'en faire d'autres avec de l'os, du buis, ou quelques autres bois durs ; on leur donne à peu-près la même grandeur qu'à ceux de roseau, & on les fait sur le tour, en pratiquant à chacun de leurs bouts un rebord arrondi. Voyez celui *fig.* 15, *même Planche*, dont les rebords sont élevés d'environ une ligne au-dessus du corps du tuyau ; mais il se perd insensiblement sur sa longueur.

La Figure 16 est un tuyau de buis ou d'os, fait aussi sur le tour, pour servir à faire les Espolins ; les rebords qu'on y a ménagés sont différemment construits que ceux des tuyaux pour les Canettes : ils sont coupés quarrément en dedans, du côté du corps du tuyau, & arrondis en dehors, comme on peut le remarquer *fig.* 17, qui représente un des tuyaux vu en face.

Comme ces tuyaux sont faits sur le tour, on a grand soin de les polir, afin qu'ils ne puissent pas accrocher la soie qu'on place dessus, ni celle de la chaîne dans laquelle la navette, *fig.* 29, les fait passer.

Plusieurs Tourneurs ont l'habitude de percer ces tuyaux avec un instrument qui est fait de maniere que le trou est plus grand d'un côté que de l'autre. Cette façon de les percer devient quelquefois pernicieuse à la fabrication de l'étoffe : aussi ceux qui en connoissent le défaut les font contre-percer ; c'est-à-dire, qu'après les avoir percés par un côté, on repasse l'outil, avec lequel on a fait

fait le trou, par l'autre côté; avec cette précaution on rend égal le trou dans toute la longueur du tuyau.

L'usage des tuyaux de buis, &c, est très-avantageux pour fabriquer les grosses Etoffes de soie, aussi est-il adopté dans toutes les Villes de Manufactures les plus connues. Peut-être que si dans quelques-unes des Villes où l'on fabrique des Etoffes de soie, on n'a pas cet usage, c'est parce qu'on n'en connoît pas suffisamment l'utilité, & qu'on imagine que c'est une forte dépense à faire; il est vrai que dans plusieurs Provinces j'ai vu que les Tourneurs ont voulu faire payer ces tuyaux à raison de cinq livres le cent, même dans des pays où le buis est très-commun; que dans d'autres où il est plus rare, ils exigent jusqu'à 8 livres du cent, tandis qu'il ne coûte que huit sols le cent, pour les Canettes, à Saint-Claude en Franche-Comté, & cinq sols pour les tuyaux qui servent aux Espolins. Je pense donc qu'à ce prix chacun pourroit facilement s'en procurer.

---

## CHAPITRE CINQUIEME.

### *Maniere de faire les Canettes.*

#### SECTION PREMIERE.

QUEL QUE soit, des Rouets qu'on a vus ci-dessus, celui qu'on préfere, il faut nécessairement y joindre un Doubloir, lorsqu'on veut l'employer à faire des Canettes. PLANCHES 9 & 11.

On le place en face du montant du Rouet, où est la broche de fer sur laquelle on met un tuyau. Voyez *fig.* 1 & 2, *Pl.* IX, & *fig.* 1 & 2, *Pl.* XI.

Si la trame est devidée sur des bobines, comme on devroit le faire par-tout, on les place debout en faisant entrer une des chevilles qui sont au bas du Doubloir, dans le trou qui y est, & la tête en bas. Quant à la quantité de bobines qu'on peut employer à la fois, elle n'est aucunement déterminée; cela dépend de la grosseur de trame qu'exige telle ou telle étoffe, & peut varier depuis une jusqu'à vingt, ce qui s'appelle faire les Canettes à 2, 8, 10, &c. *bouts.*

Si la trame est sur des rochets, on les passe dans une des tringles qui sont au milieu des Doubloirs; on peut même mettre sur une même tringle plusieurs rochets; mais il faut avoir attention qu'ils se déroulent tous du même sens; & si le nombre des tringles n'est pas suffisant, on en ajoute autant qu'il est nécessaire.

Il n'y a guere qu'à Paris, & dans quelques autres Villes de Fabrique, qu'on devide la trame sur des rochets; cet usage est défectueux, en ce que la main qui conduit ces brins sur les tuyaux, n'est pas maîtresse de s'opposer aux saccades qu'une auſſi rapide rotation leur fait éprouver ; au lieu que ſortant de deſſus les bobines ſans effort, le mouvement eſt bien plus égal.

Le Doubloir étant en la place que je viens de dire, l'Ouvrier aſſemble les brins qui doivent compoſer la trame, les applique ſur le tuyau de roſeau ou de buis, qu'il a mis ſur la broche, & les faiſant paſſer entre le ſecond & le troiſieme doigts, il les tient entre le doigt index & le pouce, pour les mieux conduire. (Voyez *fig.* 3, *Pl.* X, une main qui tient ces brins de ſoie comme il eſt néceſſaire) ; après quoi ils vont ſe rouler ſur une Cannette placée ſur une broche hors d'un Rouet, pour rendre l'explication plus facile : il faut ſerrer entre les doigts la ſoie, pour faire la Canette *bien dure.*

Ce n'eſt cependant pas ſeulement pour faire la Canette dure, qu'il faut ſerrer ainſi la ſoie, mais la perfection de l'étoffe en dépend encore ; car il eſt aiſé de ſentir que tous les brins qui ſervent à compoſer un fil de trame, doivent être également tendus, ſans quoi la ſurface, elle-même, de l'étoffe, n'eſt pas unie, & par conſéquent n'eſt pas auſſi brillante qu'elle doit l'être.

Il faut auſſi avoir attention d'entretenir le même nombre de bobines qui doit compoſer le brin de ſoie, ſans quoi on verroit des inégalités dans la groſſeur des *duites*, ce qui rend encore l'étoffe défectueuſe. Si cependant la groſſeur de la ſoie venoit à varier, celui qui fait les Canettes doit en ôter ou en ajouter, & c'eſt à quoi il doit veiller ſans ceſſe. J'oſe même avancer que les trois quarts des défauts qui ſe trouvent dans les étoffes, viennent du peu d'attention qu'on apporte à cette opération.

Dans les Fabriques où on ſe pique de donner aux étoffes toute la perfection qu'elles exigent, on ne confie le travail des Canettes qu'à des perſonnes raiſonnables, qui puiſſent le traiter également, tant pour la groſſeur des duites, que pour la tenſion des brins : avantage qu'on ne trouve pas dans le travail des enfants, qui n'y apportent aucune attention, & qui ne travaillant ſouvent que parce qu'ils y ſont forcés par leurs parents, rempliſſent bien ou mal la tâche qu'on leur a impoſée ; d'ailleurs cette occupation exige beaucoup de propreté, dont les enfants ne ſont pas ſouvent ſuſceptibles : de-là vient l'inégalité des mêmes fleurs dans une étoffe, où tous les inſtruments qui ont contribué à ſa fabrication, ſembleroient aſſurer l'égalité & la ſymétrie de deſſein.

Je vais donner les moyens les plus convenables pour faire les Canettes & les Eſpolins, tant pour ce qui concerne la ſoie, que pour ce qui regarde la dorure, le cordonnet, la chenille, &c.

## SECTION SECONDE.

### *Des Canettes & des Espolins de soie.*

POUR faire les Canettes de soie, on place les bobines dans le Doubloir dont on veut se servir, comme il est représenté par celles qui sont dans les Doubloirs qu'on a mis avec les Rouets, *fig.* 1 & 3 de la Planche IX, & par celles qui sont dans les Doubloirs des Rouets, *fig.* 1 & 2, de la Planche XI. Celui qui fait les Canettes, prend tous les brins de la soie qui doivent former la grosseur de la duite qu'on a déterminée, il les assemble proprement, les place entre le second & le troisieme doigt de la main gauche, comme on le voit *fig.* 3, *Pl.* X; il les entoure par leur bout sur le tuyau qu'il a placé sur la broche du Rouet; il les tient tous réunis entre le doigt index & le pouce, comme on peut le remarquer *même figure* : il tourne ensuite le Rouet pour faire rouler la soie sur le tuyau, & pour en placer dessus la quantité nécessaire afin de donner à la Canette qu'on fait, la grosseur qu'il convient qu'elle ait. Voici la maniere de conduire cette opération.

Lorsqu'on a placé dans la main les brins de soie, de la maniere dont je viens de l'indiquer, on remue la main gauche avec une vivacité propre à disposer la soie sur le tuyau, à mesure qu'avec la main droite on tourne le Rouet, en observant de l'emplir entre les deux bords. Quand le tuyau est couvert de cette soie, on en conduit les brins de telle sorte, que l'on en forme deux rebords à chaque Canette, comme on le remarque en *e e*, *fig.* 18, *Pl.* VIII, qui représente un tuyau où sont déja formés les deux rebords, & en *f f*, *fig.* 19, *même Planche*, qui est celle d'un tuyau de buis, sur lequel sont aussi formés les deux rebords avec la soie. Ces deux figures sont représentées pour donner une idée de la conduite qu'on doit tenir pour faire réguliérement les Canettes.

On doit prendre les mêmes précautions pour faire les Espolins ; les rebords *g*, *g*, de la figure 20, & ceux *h*, *h*, de la figure 21, sont aux Espolins, ce que les autres rebords sont aux Canettes : on observe de former des rebords, tant aux uns qu'aux autres, parce que c'est un sûr moyen de contenir sur les tuyaux la soie qu'on y met.

Pour finir les Canettes & les Espolins, on met autant de soie sur les tuyaux qu'il en faut pour leur donner la forme & la grosseur des figures 22, 23, 24 & 25 de la même Planche, qui représentent deux Canettes & deux Espolins finis, un tuyau de chacun desquels est en buis, & le second en roseau.

On peut remarquer par ces figures, que la soie qui forme ces Canettes & ces Espolins, est placée de façon que les uns & les autres sont plus élevés sur leur milieu, que sur leurs bords ; c'est parce qu'il le faut ainsi pour leur perfection, qu'on doit avoir soin de conduire la soie de la maniere que je viens de l'expliquer : car lorſqu'on le pratique autrement, il arrive qu'en travaillant l'étoffe, la ſoie s'éboule ſur la *pointiſelle*, ou que la Canette ne peut pas tourner dans la navette, ce qui empêche la ſoie de ſe dérouler, & par ce manque de ſoin on tombe dans les mêmes inconvénients que ceux qui ſont occaſionnés par les tuyaux de roſeau qu'on emploie ſans être garnis. Il faut remarquer encore, dans le détail que je viens de donner, que les Canettes & les Eſpolins doivent être commencés ſur les deux bords de leurs tuyaux, & finis ſur leur milieu. Par cette précaution, lorſqu'un Eſpolin eſt placé dans une boîte, & qu'une Canette eſt miſe dans une *navette*, la ſoie ſe déroule facilement, parce que tant qu'ils reſtent d'une certaine groſſeur, ils ſe vuident en ſe déroulant preſque du même point de la *pointiſelle*, en ſorte qu'ils ne vacillent que lorſque la moitié de la ſoie qui les forme, eſt employée dans l'étoffe ; alors à quelque point que la Canette ſe trouve ſur la *pointiſelle*, en déroulant ſa ſoie, elle ne fait éprouver aucune difficulté.

## SECTION TROISIEME.

### *De la maniere de reprendre les brins de ſoie qu'on caſſe en faiſant les Canettes de ſoie & les Eſpolins.*

COMME on fait ordinairement les Canettes avec pluſieurs brins de ſoie, il arrive fort ſouvent qu'il s'en caſſe quelques-uns, & que le bout qui s'eſt caſſé paſſe ſur la Canette avant qu'on l'ait pu remarquer; & quand même il arriveroit qu'on s'en apperçût dans l'inſtant même qu'il s'en caſſe quelques-uns, la trop grande rapidité avec laquelle la broche tourne, ne permet pas qu'on ſuſpende l'action avec aſſez de préciſion pour que ce bout n'ait déja paſſé ſur la Canette, & qu'il ne ſoit couvert quelquefois de plus de cent tours de la ſoie des autres brins, qu'on eſt obligé de dérouler pour chercher le bout de celui qui eſt caſſé. Pluſieurs perſonnes ont l'habitude de lâcher la Canette de deſſus la broche, & de tirer la ſoie qui couvre le bout du brin caſſé, en la faiſant tomber par terre ; auſſi arrive-t-il que la ſoie ſe tache, qu'elle entraîne avec elle de la pouſſiere, qu'elle s'accroche au Rouet & au Doubloir; & enfin il arrive quelquefois que toute la ſoie qu'on a déroulée ſe trouve perdue, parce que les brins s'entremêlent en s'accrochant, de façon qu'on eſt obligé de les caſſer & de les mettre en *bourre*. Pour prévenir ces inconvénients, lorſqu'on fait les Canettes à deux brins ſeulement, & qu'on voit qu'il y en a un de caſſé, on tire la Canette de la broche, on la place ſur un bout de fil de fer d'environ 4 pouces de longueur, qu'on a ſoin de planter ſur le grand montant de la broche, comme on le voit *fig.* 3, *Pl.* XII ; lorſque la Canette eſt enfilée par ce fil de fer, on prend la bobine ou le rochet duquel le brin n'eſt pas caſſé, & on roule deſſus la ſoie qu'on retire de la Canette, juſqu'à ce qu'on ſoit arrêté par le bout qu'on cherche ; alors on on met la bobine ou le rochet à ſa place ; on prend la Canette, on cherche le bout du brin qui eſt caſſé ; on le déroule juſqu'au point où il puiſſe ſe trouver d'une même longueur que celui qui lui eſt joint, en obſervant qu'il ne reſte pas un tour de plus ou de moins à l'un qu'à l'autre. On trouve pluſieurs petites difficultés qui laiſſent de l'incertitude ſur l'égalité des tours que les deux brins peuvent avoir ſur la Canette ; mais pour écarter ces difficultés, on mouille légérement avec de la ſalive, au-deſſus de la Canette, un eſpace de deux lignes tout au plus, & dans un endroit ſeulement qui réponde à celui des tours de ſoie qu'on veut dérouler ; mais pour trouver l'égalité des brins, on les détourne en les faiſant traîner, à demi-tendus, ſur la Canette, par ce moyen on découvre tout de ſuite celui qui, ſur la Canette, ſe trouve avoir quelques tours de plus que l'autre ; alors on déroule ce brin de la quantité de tours qu'il eſt néceſſaire pour le mettre à l'égalité de l'autre ; on noue, avec ſon pareil, celui qui eſt caſſé, & l'on continue de faire la Canette.

Si les Canettes que l'on fait, ſont à un nombre de brins plus conſidérable que celui qui vient d'être établi, & qu'il vienne à s'en caſſer un ou pluſieurs, on ne pourroit pas alors rouler ſur les bobines ni ſur les rochets, la ſoie qu'on eſt obligé de dérouler de la Canette, pour découvrir les bouts des brins qu'on veut chercher, parce qu'il faut les dérouler tous à la fois ; mais on ſe ſert d'un moyen qui prévient pluſieurs des inconvénients qui arrivent, lorſqu'en pareille circonſtance, en tirant la ſoie de la Canette, on la laiſſe tomber par terre ; pour y obvier, on a ſoin de placer entre le Rouet & le Doubloir, le petit chandelier *fig.* 4, *Pl* XI, avec la bobine, *fig.* 5, deſſus ; on le met entre le Doubloir & le Rouet, comme il eſt en *C*, *fig.* 1, *Pl.* XII ; alors on place la Canette comme on le voit en *C*, *fig.* 3, *même Planche* : on prend avec la main droite *B*, *même figure*, la bobine *D*, laquelle on enveloppe des brins de ſoie *E*, qu'on conduit avec la main gauche *A*, afin qu'ils ſe placent à propos ſur la bobine, & de cette maniere on place deſſus toute la ſoie qu'il faut tirer de la Canette pour découvrir le bout du brin que l'on cherche ; & quand on y eſt parvenu, on met ce bout égal aux autres brins, par ſes contours ſur la Canette ; on place la bobine ſur le bout du chandelier, comme on le remarque *fig.* 4, *même Planche*, & on noue ce brin avec le bout de celui *F*, qui eſt le pareil de celui qu'on vient de trouver ; enſuite on remet la Canette *E*, ſur la broche *F*, du Rouet : on conduit les brins avec la main gauche *A*, *même figure*, qu'on tient au-deſſus de la bobine *C*, que l'on a placée ſur le chandelier de façon à en faire dérouler facilement la ſoie qui l'entoure deſſus, afin de la remettre proprement ſur la Canette, que l'on finit avec tout le ſoin poſſible.

Il eſt indiſpenſable de ſe ſervir des moyens que l'on vient d'indiquer, ſi l'on veut atteindre à cette perfection que les Etoffes d'une matiere auſſi précieuſe que la ſoie, peuvent exiger ; & j'oſe dire même que ſans cette précaution, il eſt moralement impossible que ces Etoffes n'aient quelques défauts occasionnés par celui de la Canette.

En faisant les Espolins, on doit prendre les mêmes attentions que celles que je viens de détailler pour les Canettes, afin de procurer aux fleurs brochées qui sont sur les Etoffes, ce lustre éclatant qui en fait la principale beauté.

## SECTION QUATRIEME.

### *Des Canettes & des Espolins qu'on fait avec la lame or, argent & clinquant.*

ON devide ordinairement la lame or & la lame argent sur de petits Roquetins d'environ 15 lignes de longueur, qui ont deux rebords de 10 lignes de diametre ; & la lame clinquant (1) est aussi devidée sur des Roquetins, mais qui sont de 2 pouces de longueur, & dont les rebords ont 15 lignes de diametre.

La lame or & celle argent, sont ordinairement plus minces & moins larges que la lame clinquant, aussi apporte-t-on plus de soin en faisant les Canettes & les Espolins de la lame fine, qu'en faisant ceux de la lame fausse.

Je dois observer ici que tant dans les lames or & argent, que dans celles clinquant, il y en a de différentes grosseurs, qu'on distingue par une sorte de numéros, & que plus elles sont fines, & plus elles sont susceptibles d'attention, soit qu'on les mette en Canettes & en Espolins, soit qu'on les emploie dans les Etoffes.

Pour faire les Canettes de lames, on doit toujours se servir de tuyaux de roseau, garnis à chaque bout ; on met dans le Doubloir le Roquetin sur lequel est placée la lame dont on veut faire des Canettes ; on l'enfile avec une broche, comme le sont les rochets dans le Doubloir du Rouet, *fig.* 1, *Pl.* IX. On met ensuite un tuyau sur la broche du Rouet, comme on le pratique pour faire une Canette de soie ; on entoure le bout de la lame sur le milieu du tuyau, afin de l'y assujettir ; après quoi on tourne le Rouet, & l'on conduit la lame de telle sorte qu'elle ne couvre pas tout le tuyau, & l'on fait la Canette de la grosseur & de la forme de celles *fig.* 26 & 27, qui représentent deux Canettes de lames, avec les dimensions qu'elles doivent avoir. Pour bien conduire le brin de la lame sur le tuyau, il faut faire en sorte qu'elle s'y place comme elle est sur le Roquetin, c'est-à-dire, qu'il est nécessaire qu'elle soit sur son plat, & qu'elle ne soit jamais tordue, s'il est possible : pour parvenir à ce point, on a un petit morceau de drap ou de peau, on le plie en deux ; on passe la lame entre les deux doubles, qu'on tient serrés avec le doigt index & le pouce, de maniere que le brin

(1) On entend par *Clinquant*, plusieurs sortes de lames faites avec des métaux, pour imiter celles d'or & d'argent.

ſoit tendu autant qu'il en eſt beſoin, afin que la lame ne s'entorde pas, & que la Canette ſe trouve ſuffiſamment dure.

Quand la lame ſe caſſe en faiſant une Canette, on noue les deux bouts enſemble, ou on les tord l'un contre l'autre.

Lorſqu'on a fini la Canette, on caſſe le bout de la lame, on l'arrête ſur le bord du tuyau, où on le fait tenir avec un peu de cire. Il ne faut pas pratiquer ce que font pluſieurs Ouvriers, qui arrêtent le bout de la lame en la nouant ſur le tuyau, & en tordant le nœud, parce que non-ſeulement l'élaſticité de cette lame ne ſouffre pas une ſi longue tenſion, mais on en perd une certaine longueur à chaque Canette, lorſqu'on veut l'employer; ce qui n'arrive pas quand on en arrête le bout avec de la cire, puiſqu'il ne s'agit que de l'ôter, & qu'alors le bout de la lame ſe trouve libre & en état d'être employé.

## SECTION CINQUIEME.

### *Des Canettes & des Eſpolins de lames d'or & d'argent friſés.*

LA lame friſée eſt un brin de dorure préparé par les Guimpiers. Le procédé qu'ils emploient pour cette préparation, eſt le même que celui avec lequel on fait le filé, qu'on verra dans la Section ſuivante; cependant il y a une grande différence entre l'un & l'autre des brins qu'il produit: cette différence vient de ce qu'ici la lame eſt montée ſur un brin de cordonnet de ſoie, & qu'au filé la lame enveloppe un brin de ſoie tout uni. Il eſt aiſé de concevoir que la lame qui couvre ce cordonnet, rend des effets différents & plus variés, que celle qui eſt placée ſur un brin de ſoie tout uni, parce que ce cordonnet eſt une eſpece de Canetille ſur laquelle ſe place irréguliérement la lame; d'ailleurs on en rapproche tellement les tours les uns des autres ſur le cordonnet, qu'ils s'y chevauchent; en ſorte que dans aucune partie de la longueur d'un brin, telle qu'elle ſoit, on ne ſauroit appercevoir la ſoie qui la ſoutient, tandis que la lame du filé laiſſe toujours à découvert quelques petits intervalles entre les tours qu'on lui fait faire pour couvrir le brin de ſoie ſur lequel elle eſt montée.

La beauté du brin de la lame friſée, conſiſte, en partie, dans le rapprochement des contours qu'elle fait ſur le cordonnet qu'elle enveloppe; mais l'effet que l'irrégularité de la groſſeur de ce même cordonnet lui fait rendre par les différentes poſitions qu'il fait prendre à la lame, eſt ce qui fait diſtinguer & préférer cette dorure à toutes celles qu'on emploie pour enrichir une grande quantité d'Etoffes de ſoie, tant dans la fabrication de ces mêmes Etoffes, que dans les broderies différentes qu'on travaille deſſus.

Lorſqu'on fait des Canettes de lame d'or ou d'argent friſé, on place le Roquetin de la même maniere que pour les lames ordinaires d'or & d'argent; mais on prend ſoin d'en faire paſſer le brin entre le doigt index & le pouce, le plus légérement possible, afin de ne pas trop étendre les replis que la lame forme, & qui la font distinguer de la lame simple. On ne fait pas la Canette plus grosse que celles *fig.* 26 & 27, *Pl.* VIII, ni d'une différente forme ; on arrête le bout sur le bord du tuyau avec de la cire, & non autrement : on doit prendre même un grand soin pour que ce bout ne puisse pas s'échapper, parce qu'on risqueroit de perdre toute la Canette.

## SECTION SIXIEME.

### *Des Canettes qu'on fait avec le filé or ou argent, & de celles qu'on fait avec le surbec.*

LES Roquetins sur lesquels on place le filé, & ceux qui servent au *surbec*, sont plus grands de la moitié au moins, que ceux qui servent aux lames ; on les place cependant dans le Doubloir dans la même situation : on en fait les Canettes & les Espolins de la même grosseur que celles de soie ; on en conduit les brins dans la même direction, & on les arrête sur le bord de même que ceux de la lame, c'est-à-dire, avec de la cire.

On fait bien souvent des Canettes de filé à deux brins, quelquefois à trois ; alors on se sert d'un morceau de drap pour les serrer en faisant les Canettes, afin de les rendre également tendus, & de rendre dures les Canettes, pour que la dorure ne puisse faire ébouler les contours qui la forment.

On appelle *filé*, une sorte de dorure que les Guimpiers fabriquent; c'est une lame d'or ou d'argent, montée sur un brin de soie qu'elle couvre tout au long. Cette lame entoure le brin de soie de maniere qu'il ne paroisse pas : car s'il se montre par quelqu'endroit sur sa longueur, c'est un défaut qui est d'autant plus grand, que la soie est moins couverte.

Il faut que le brin de soie avec lequel on fait le filé argent, soit blanc, afin que cette couleur s'accorde avec celle de l'argent; par ce moyen on n'apperçoit pas si facilement les petits intervalles que la lame laisse à découvert sur le brin de soie ; & par la même raison, lorsqu'on fait du filé avec une lame en or, on a soin que le brin de soie qu'elle couvre, soit couleur d'or lui-même.

Le *surbec* est une espece de filé or ou argent, qu'on traite de la même maniere qu'on vient de l'expliquer, avec la différence que les tours de la lame qui couvre la soie, ne sont pas beaucoup rapprochés ; de sorte qu'ils laissent paroître les trois quarts de la soie, & quelquefois davantage. On fait du surbec sur de la soie de toutes couleurs, c'est-à-dire, qu'on monte une lame d'argent sur un ou deux brins de soie rose, lilas, verte, bleue, &c; on en use de même à l'égard du surbec fait avec la lame en or.

Cette sorte de dorure s'emploie dans les Etoffes de soie pour seconder certaines nuances qui y forment des fleurs, quelquefois encore elle forme des fleurs

fleurs elle-même ; souvent elle fait une partie du fonds de l'Etoffe, & quelquefois elle en fait le fonds en entier.

L'effet que cette dorure produit, est fort beau : il donne beaucoup d'éclat aux couleurs qui l'accompagnent, parce que l'or ou l'argent sont épars & sans ordre, en sorte qu'ils ne peuvent pas troubler l'arrangement de la soie ; & pour mieux expliquer cet effet, lorsqu'on voit une fleur *brochée* ou *lancée* en surbec, il semble qu'on a jetté au hazard des paillettes d'or ou d'argent sur cette fleur : aussi l'emploie-t-on avantageusement dans plusieurs sortes de broderies.

## SECTION SEPTIEME.

### *Des Canettes & des Espolins qu'on fait avec de la Chenille.*

ON appelle *Chenille*, un brin de soie peluché tout au long, ou plutôt un brin de velours dont on se sert pour faire, sur les Etoffes de soie, des fleurs veloutées qu'on voit communément sur des satins brochés. On emploie aussi la Chenille pour faire des fonds d'étoffes de différents goûts. On s'en sert encore dans certains genres de gaze, dans les agréments pour les robes de femme, & en grande quantité dans les blondes d'hiver. Ce brin est fait par les Rubaniers.

On forme le velouté de la Chenille, en découpant en plusieurs parties un ruban sur sa longueur. Ce ruban est fait exprès, afin que l'on puisse le découper.

J'espere qu'on ne me saura pas mauvais gré de dire ici quelque chose de la maniere avec laquelle on parvient à faire le brin de Chenille, pour rendre solide, dans sa longueur, la partie veloutée qui le couvre.

Les métiers sur lesquels les Rubaniers fabriquent le ruban dont on tire la Chenille, sont disposés à peu-près comme ceux qui leur servent à faire les rubans de 3 à 4 pouces de largeur ; on y place de même une chaîne de soie : on y en ajoute une seconde ourdie avec du fil de lin monté à trois bouts très-fins ; du reste on fabrique ces rubans comme le ruban ordinaire : la différence consiste dans la maniere de distribuer les fils de la chaîne lorsqu'on les passe dans le *peigne*, parce qu'on ne leur fait pas tenir, dans cette opération, le même ordre qu'on donne à ceux des autres rubans.

Voici la maniere dont on dispose une chaîne pour faire le ruban de Chenille.

Après qu'on a passé les fils des chaînes qui forment le ruban dont on tire la Chenille, on passe à la fois trois brins de la chaîne de soie dans une seule dent, & l'on met dans la dent suivante un fil de la chaîne de lin ; après cela on laisse deux dents au peigne, sans y passer aucun fil, ce qu'on appelle *laisser deux dents vuides* ; ensuite on passe dans la dent qui suit les deux dents vuides, un second fil de lin, & l'on recommence par trois fils de la chaîne de soie, qu'on fait suivre par deux fils de lin placés comme je viens de le dire, en observant toujours de laisser entr'eux les deux dents vuides, dont on verra bientôt la néceſſité, & l'on continue cet arrangement juſqu'à ce que les deux chaînes ſoient entiérement paſſées; & lorſque tout eſt ainſi diſpoſé, on travaille le ruban comme il a été déja dit.

Fort ſouvent, au lieu de laiſſer deux dents vuides au peigne, entre les deux brins de fil de lin qu'on y paſſe, on fait faire des peignes qui, de quatre en quatre dents, laiſſent un petit intervalle qui équivaut à l'eſpace des deux dents vuides qu'on eſt obligé de laiſſer dans les peignes pleins dont je viens de parler; on eſt contraint de donner ces intervalles à ces rubans, parce que lorſqu'ils ſont fabriqués, on les coupe dans leur longueur en autant de parties qu'on a laiſſé de diviſions dans leur largeur.

Pour faire les rubans à Chenille, on n'emploie pas toujours une chaîne de ſoie & une chaîne de fil de lin, quelquefois elles ſont toutes les deux de cette derniere matiere, avec cette différence, qu'étant diſtribuées dans le peigne, comme on a déja vu, les fils de la chaîne, qu'on paſſe trois par trois dans les dents qu'ils doivent y occuper, ſont teints de la couleur de la trame qu'on doit employer pour faire le ruban, laquelle forme le velouté qui fait la richeſſe de ce brin: du reſte c'eſt toujours le même travail que celui des autres rubans; mais la Chenille qu'on en retire eſt beaucoup inférieure à celle dont la chaîne, qu'on paſſe par trois brins dans une ſeule dent, eſt de ſoie. Il eſt vrai qu'on ne ſe ſert jamais de cette ſorte de Chenille pour les Etoffes de ſoie; c'eſt celle qu'on emploie ordinairement dans les différents agréments qu'on fait pour les ajuſtements des femmes. J'ai cru cependant devoir parler de cette ſorte de Chenille pour éviter qu'on ne la confonde avec l'autre.

Quand on a fabriqué ce ruban de la maniere qu'on vient de voir, on le découpe pour en tirer la Chenille qu'il doit produire. Les longueurs de ces rubans ſont ordinairement depuis vingt juſqu'à trente aunes; mais quelle que ſoit leur longueur, on les découpe toujours de la maniere dont je vais l'expliquer.

La Découpeuſe fixe le bout d'une certaine longueur du ruban à quelque choſe de ſtable, de ſorte qu'il ne puiſſe être déplacé qu'autant qu'il le faut pour l'avancement & la perfection de l'ouvrage; elle prend l'autre bout du ruban avec la main gauche: elle le tient tendu autant qu'il eſt néceſſaire pour faciliter le découpage; elle tient dans ſa main droite une paire de *forces* ou de ciſeaux, avec leſquels elle découpe le ruban dans toute ſa longueur, entre les deux fils de lin qui marquent un des intervalles qu'on a ménagés en paſſant la chaîne dans le peigne. Elle pourſuit cette opération en faiſant de même à toutes les diviſions qu'on a obſervées ſur la largeur du ruban. Lorſqu'elle a découpé une piece de ruban en autant de parties qu'elle en étoit ſuſceptible, elle a ſoin de ſéparer de la Chenille chacun de ces fils de lin qui lui frayoient la route que devoient tenir les ciſeaux; après cela elle forme autant d'écheveaux que le ruban lui a fourni de brins de Chenille; enſuite elle met tous ces écheveaux enſemble: elle en fait un *mateau* ou *maſſe*; & c'eſt dans cet état qu'elle rend la Chenille qu'on lui a confiée.

Lorſqu'on veut faire des Canettes ou des Eſpolins de Chenille, on met ſur un Guindre comme celui *fig. 6*, *Pl.* I, *du Devidage des Soies teintes*, un écheveau de Chenille; on enfile ce Guindre par une des tringles *A*, *B*, *même Planche*, ou ſur celle *fig.* 5, pour lui ſervir d'axe; on place cette tringle devant le montant de la broche du Rouet à Canette, à l'endroit où l'on met ordinairement le Doubloir dont on ſe ſert pour faire les autres Canettes; on place un tuyau de buis ſur la broche du Rouet, que l'on fait tourner, & on fait les Canettes de la groſſeur ordinaire de celles de ſoie. On doit obſerver, en faiſant ces ſortes de Canettes, de ne ſerrer le brin de Chenille qu'autant qu'il le faut pour le conduire ſur le tuyau, afin qu'il y ſoit proprement rangé; parce que ſi on le preſſoit trop fort entre les doigts, les brins de la trame qui forment le velours de la Chenille, s'étendroient au long de ceux de la chaîne qui les retient, ou ces mêmes brins ſe dérangeroient; de ſorte que dans la longueur d'un brin de Chenille contenu ſur une Canette, il ſe trouveroit des endroits ou les brins de velours ſeroient trop rapprochés, tandis que dans d'autres il n'y paroîtroit que les brins de la chaîne. Lorſque la Canette eſt finie, on arrête le bout de la Chenille ſur le bord du tuyau le plus ſûrement qu'il eſt poſſible, afin qu'il ne puiſſe pas ſe dérouler.

## SECTION HUITIEME.

### *De la maniere de faire les Canettes avec le Cordonnet de ſoie.*

LE Cordonnet eſt une eſpece de canetille de ſoie dont on fait divers agréments pour les ajuſtements des femmes. On s'en ſert beaucoup dans les différentes broderies, & on l'emploie communément pour brocher des fleurs ſur les Etoffes de ſoie: on procure même divers fonds à ces Etoffes, en paſſant du Cordonnet dedans & tout à travers, par des *Duites* placées de diſtance en diſtance, & ſuffiſamment combinées pour procurer aux fonds des Etoffes tout l'effet qu'on ſe propoſe d'y faire rendre.

Ce ſont ordinairement les Boutonniers qui fabriquent le Cordonnet; il eſt peu de perſonnes qui ne l'ayent vu fabriquer, parce que c'eſt dans les rues qu'on le fait communément, à cauſe de l'étendue de terrein que cette opération exige.

On fait le Cordonnet longueur par longueur, & même pluſieurs longueurs à la fois, parce que les Rouets dont on ſe ſert pour cela, ſont diſpoſés de telle ſorte, qu'on en peut faire juſqu'à dix.

On fabrique pluſieurs ſortes de Cordonnets; on en fait en laine, en poil de chevre & en ſoie; mais l'opération eſt toujours la même. Ainſi par la petite deſcription qu'on va voir de la maniere dont on s'y prend pour faire le Cordonnet de ſoie, on jugera facilement de celle des autres.

On aſſemble une quantité de brins de ſoie, à proportion de la groſſeur qu'on veut donner au Cordonnet; on tord tous ces brins ensemble sur eux-mêmes, autant qu'on voit qu'il en est besoin; ensuite on met trois à quatre brins de soie ensemble, qu'on tend de maniere que ceux qu'on vient de tordre s'entortillent sur ces derniers, en formant tout au long une ligne spirale, en sorte que toute la force du Cordonnet consiste dans les derniers brins qu'on a assemblés, puisque c'est sur eux que ceux qui sont tordus sont placés.

Quand on a fini le Cordonnet, on en forme des écheveaux comme ceux qu'on fait ordinairement pour la soie.

Les Guimpiers, avec leur moulin, font aussi du Cordonnet; c'est pour eux la même opération que celle de faire le filé or & argent, moyennant une préparation préliminaire, qui est de tordre séparément les brins de soie qui sont destinés à couvrir ceux qui ne doivent pas être tordus. Il seroit trop long de donner ici leur maniere d'opérer dans tout ce qui dépend de ce travail, parce qu'il faudroit nécessairement faire la description de leur moulin, qui est une machine très-compliquée, & qu'on ne sauroit expliquer sans le secours de quelques Planches de gravure.

Je me bornerai à dire qu'ils sont en état, par leur machine, de rendre le Cordonnet beaucoup plus égal, sans être bornés aux longueurs, ce qui fait qu'on rencontre moins de nœuds dans les écheveaux qu'ils en font, que dans ceux qui sont travaillés par les Boutonniers, ce qui est une perfection de plus pour cet ouvrage.

Pour faire les Canettes de Cordonnet, il faut pratiquer la même méthode que pour celles qu'on fait avec de la Chenille, c'est-à-dire, qu'on en met un écheveau sur un Guindre, qu'on range devant le montant de la broche du Rouet, à l'endroit où est ordinairement le Doubloir.

On place un tuyau sur la broche du Rouet; on conduit le bout du Cordonnet sur ce tuyau, de maniere que le Cordonnet s'y distribue dans le même ordre qu'on fait tenir à la soie lorsqu'on en fait des Canettes; on observe aussi de tenir serré le bout du Cordonnet, afin que la Canette soit ferme.

Quelquefois les Guimpiers & les Boutonniers, au lieu de mettre le Cordonnet en écheveaux, le devident sur des Rochets; alors pour en faire les Canettes, on place un de ces Rochets dans le Doubloir du Rouet à Canette, comme il a été dit pour les Roquetins de filé or & argent, &c.

On doit appercevoir, par le détail de tout ce qui concerne les Canettes, que ce n'est pas un ouvrage qui mérite d'être totalement abandonné à la conduite des enfants; & j'ose dire même qu'il y a des personnes qui, quoique d'un âge raisonnable, ne parviennent à conduire ces différentes opérations, qu'avec bien de la peine, parce qu'elles se trouvent arrêtées par plusieurs difficultés qu'on y rencontre; on ne sauroit même, avec la théorie la mieux entendue, prévenir tous les obstacles qu'on rencontre dans les différentes opérations : il n'y a qu'une grande & longue expérience qui puisse apprendre à les surmonter.

On

On verra dans la maniere de fabriquer les Etoffes de ſoie, combien il eſt avantageux pour la perfection de ces mêmes Etoffes, que les Canettes & les Eſpolins ſoient bien exécutés, de quelque matiere qu'ils puiſſent être faits.

## CHAPITRE SIXIEME.

### *Explication des Planches concernant l'Art de faire les Canettes & les Eſpolins pour les Étoffes de Soie.*

### PLANCHE PREMIERE.

LA Figure 1 de cette Planche, repréſente le premier Rouet à Canette, dont on a fait la deſcription dans la premiere Section du premier Chapitre de cette Partie. Il eſt vu du côté où ſe place celui qui fait la Canette : il eſt dans les proportions de l'échelle qui eſt au bas de la Planche.

*Développement du Rouet.*

La Figure 2 repréſente deux des quatre pieds *A*, *A*, *A*, *A*, du Rouet, ſéparés du banc qui en forme la baſe ; ils ſont aſſemblés par une des traverſes *B*, *B*. Cet aſſemblage eſt vu en perſpective.

La Figure 3 repréſente les deux autres pieds *A*, *A*, du Rouet, aſſemblés de même que les deux précédents, avec une des traverſes *B*, *B* ; mais ils ſont vus en face.

*C*, eſt la traverſe qui, par ſon aſſemblage avec celles *B*, *B*, tient les pieds *A*, *A*, *&c.* du Rouet, dans un écartement conforme à la longueur du banc.

*D*, eſt la grande planche qui forme le banc qui ſert de baſe au Rouet.

La Figure 4 repréſente les deux montants *E*, *E*, aſſemblés par la clavette *K* : ils ſont vus en perſpective hors du Rouet, & dans le même arrangement qu'on les voit deſſus, avec la roue *F*, qu'ils portent.

*E*, *E*, ſont les deux mêmes montants vus en face.

*F*, *F*, la roue vue en face & de profil.

*H*, la broche de fer ſur laquelle on place les tuyaux lorſqu'on veut faire les Canettes. Elle eſt vue hors de ſa poulie.

*I*, le montant qui porte la broche qu'on vient de voir.

*L*, la clavette qui tient le montant *I*, ſolide, par deſſous le banc.

La Figure 5 repréſente le moyeu de la roue, garni de ſa manivelle.

*a*, la manivelle vue hors du moyeu.

*b*, *b*, le moyeu vu en face & de profil.

*e*, un des huit rayons qui portent le grand cerceau de la roue *F*.

*f*, *f*, la petite poulie ſur laquelle paſſe la corde *G* : elle eſt vue en face, hors de ſa broche, & en perſpective ſur la broche.

*g*, *g*, les deux nerfs, dans les trous deſquels la broche *H*, tourne.

*h*, la petite broche de fer qui retient les deux nerfs *g*, *g*, par derriere le montant *I*.

## PLANCHE II.

La Figure 1 repréſente le Rouet qu'on a décrit dans la ſeconde Section du même Chapitre : il eſt vu par devant ; ſes proportions ſont celles de l'échelle qui eſt placée dans la même Planche.

*Développement de ce Rouet.*

La Figure 2 repréſente la roue F du Rouet, placée ſur les deux montants *E*, *E*, vue de profil.

La Figure 3 repréſente la roue *H*, portée par les deux montants *I*, *I*, vue auſſi de profil.

La Figure 4 eſt le moyeu de la roue *H*, garni de ſon axe de fer.

*A*, eſt la grande planche qui ſert de baſe au Rouet.

*C*, C, ſont les deux traverſes qui tiennent les pieds *B*, *B*, *B*, *B*, du Rouet, écartés ſur ſa longueur.

*D*, *D*, ſont les petites traverſes qui écartent les mêmes pieds ſur la largeur du Rouet.

*E*, eſt un des deux montants qui portent la roue *F*.

*F*, la grande roue.

*H*, la petite roue.

*I*, un des deux montants qui portent la petite roue *H*.

*L*, le montant qui porte les deux nerfs dans leſquels tourne la broche *é*.

La Figure 5 repréſente la manivelle de la grande roue *F*, hors de la roue & du moyeu.

*a*, eſt l'axe.

*b*, eſt la poignée.

*c*, eſt la clavette qui tient les montants *E*, E, ſous la planche *A*.

*d*, la petite poulie ſur laquelle poſe la corde *K*, pour faire tourner la broche *e*.

*e*, la broche de fer ſur laquelle on place les tuyaux pour faire les Canettes.

*f*, *f*, les deux nerfs dans leſquels tourne la broche *e*.

*g*, la petite broche qu'on place derriere le montant *L*, pour y retenir les nerfs *f*, *f*, qu'elle enfile.

*h*, la petite planche à laquelle eſt aſſemblé le montant *L*, laquelle on arrête au point qu'on veut au moyen de la vis *n*.

*i*, *i*, les deux coulisseaux qui servent de guides à la petite planche *h*.

*m*, le moyeu de la grande roue *F*, dépourvu de son axe & de sa manivelle.

*n*, la vis qui serre la petite planche *h*.

*o*, la clavette qui retient en dessus de la planche *A*, les deux montants *I*, *I*.

*P*, l'axe qu'on place dans le moyeu, *fig.* 4, & qui sert à la roue *H*.

## PLANCHE III.

La Figure 1 est la Cantre ou Doubloir qu'on emploie avec le premier Rouet qu'on a décrit.

La Figure 2 est encore une Cantre dont on se sert aussi avec le même Rouet.

La Figure 3 est un Doubloir duquel on se sert pour faire les Canettes avec le second Rouet qu'on a décrit.

La Figure 4 est le Doubloir qui est propre au troisieme Rouet. Ces quatre Doubloirs sont ceux dont il est parlé dans la troisieme Section du même Chapitre.

## PLANCHE IV.

LA Figure 1 représente le Rouet à Canette dont il est fait mention dans la premiere Section du Chapitre second de cette Partie. Il est vu en perspective du côté où se place celui qui fait les Canettes.

### *Développement de cette Figure.*

La Figure 2 représente les deux montants *E*, *E*, assemblés par le bas au moyen de la clavette *l*: ils sont vus par derriere; de sorte qu'entre ces deux montants les deux roues *F*, *H*, sont placées dans le même ordre qu'elles tiennent sur le Rouet, & elles y sont vues de profil.

*A*, *A*, sont les deux grandes pieces de bois qui, assemblées avec la planche *B*, forment la base du Rouet.

*D*, *D*, *D*, *D*, sont quatre pommelles qui servent de pieds à cette base.

*E*, est un des deux montants qui portent les roues *F*, *H*.

*F*, *F*, la roue supérieure vue en face, dépourvue de son moyeu, & vue de profil avec son axe & sa manivelle.

*H*, *H*, la roue inférieure vue de profil, garnie de son moyeu & de son axe, & vue en face dépourvue de tout.

*K*, le montant sur lequel on place les nerfs *h*, *h*, qui portent la broche *f*.

*L*, le montant qui arrête la vis *M*.

*M*, la vis au moyen de laquelle on fait avancer & reculer le montant *K*.

La Figure 3 représente la tablette qu'on assemble au montant *E*, du devant du Rouet, & sur laquelle on pose les Canettes lorsqu'elles sont faites, & les tuyaux.

La Figure 4 eſt la manivelle de la roue ſupérieure, aſſemblée à l'axe, dépourvue de ſon moyeu.

*b*, le moyeu ſéparé de ſon axe.

*e*, la petite poulie ſur laquelle paſſe la corde *I*, pour faire tourner la broche *f*, ſur laquelle on place les tuyaux pour faire les Canettes.

*f*, la petite broche qu'on fait tourner dans les trous des nerfs *h*, *h*, & de laquelle on vient de parler.

*g*, la petite broche qui, placée derriere le montant *K*, y retient les deux nerfs *h*, *h*.

*h*, *h*, les deux nerfs dont il vient d'être fait mention.

*m*, l'axe de la roue *H*, vu hors du moyeu.

*n*, *n*, les deux orillons, dans le trou deſquels poſent les deux bouts de l'axe de la roue *H*.

*o*, le moyeu de la même roue vu hors de place, garni de ſon axe.

## PLANCHE V.

La Figure 1 eſt le Rouet à Canette duquel on a parlé dans la Section premiere du quatrieme Chapitre. Il eſt repréſenté vu du côté où on ſe place pour le faire travailler.

*Développement de ce Rouet.*

La Figure 2 repréſente le chaſſis qui gliſſe dans les rainures des montants *E*, *E*, & qui porte la roue inférieure; c'eſt pour faire remarquer à quel endroit des tringles *C*, *C*, poſe l'axe de cette roue, qu'on a placé cette figure hors du Rouet, crainte que la vue en perſpective de cette figure, ne donnât pas aſſez de clarté. Pour la rendre plus intelligible, on peut voir la figure 5, qui eſt ce même chaſſis vu en face, où la roue eſt vue de profil: par cette derniere figure on apperçoit le moyeu dans toute ſon étendue, en ſorte qu'il tient les deux montants *C*, *C*, dans un écartement égal à celui que lui donne la traverſe *G*.

La Figure 3 repréſente les roues *H*, *K*, l'une & l'autre vues de profil dans la même poſition qu'on leur fait tenir entre les montants *E*, *E*. Ces deux roues ſont garnies de leurs moyeu, axe & manivelle.

La Figure 4 eſt la tablette qu'on place ſur le devant du Rouet, pour la commodité de celui qui fait les Canettes, parce qu'elle lui ſert d'entrepôt pour les tuyaux & pour les Canettes. Le tiroir qu'on apperçoit deſſous cette table, eſt fait afin de rendre cette partie du Rouet encore plus utile & plus commode, parce qu'on y met les Canettes lorſqu'elles ſont faites, & que par ce moyen on évite de les expoſer à la pouſſiere.

*H*, eſt la roue inférieure vue en face, dépourvue de ſon moyeu & de ſon axe.

*K*, eſt la roue ſupérieure vue de même du côté de la manivelle, comme on apperçoit.

*a*, eſt la planche de la tablette vue en face.

*f*, la manivelle de la roue *K*, aſſemblée à l'axe dépourvu de ſon moyeu.

*g*, le moyeu de la même roue.

*i*, l'axe de la roue *H*, vu hors du moyeu.

*l*, le moyeu de cette même roue, dépourvu de ſon axe.

## PLANCHE VI.

Tout ce qui eſt repréſenté dans cette Planche, concerne la ſuite du développement du Rouet qu'on a vu dans la Planche précédente.

La Figure 1 eſt l'aſſemblage des montants *E*, *E*, formé avec la planche *F*, la clavette *a*, la traverſe *b*, les montants *c*, *c*, qui ſont placés dans les rainures de ceux *E*, *E*, & de la vis *L*. Cet aſſemblage eſt vu en face hors du Rouet, du côté des orillons *d*, *d*.

La Figure 2 repréſente les montants *N*, *O*, vus de côté, aſſemblés ſur la piece de bois *B*, qui fait partie de la baſe du Rouet.

*A*, eſt une des pieces de bois qui forment la baſe du Rouet.

*B*, eſt encore une piece de bois au même uſage que la précédente : elle lui eſt même pareille en forme & groſſeur.

*C*, eſt une grande & forte planche qui s'aſſemble avec les deux pieces de bois qu'on vient de voir, pour former la baſe du Rouet telle qu'il la faut, & telle qu'on peut la remarquer ſur la figure 1 de la Planche précédente.

*D*, *D*, *D*, *D*, ſont quatre pommelles qui ſervent de pieds à cette baſe.

*E*, E, les deux grands montants du Rouet.

*F*, la planche qui aſſemble les montants *E*, *E*, par le haut.

*G*, la traverſe qui aſſemble par le haut les montants *C*, *C*, qui portent la roue *H*, & qui forment le chaſſis qu'on voit *fig.* 2, de la Planche V.

*L*, la vis au moyen de laquelle on tend la corde *I*.

*N*, le montant où ſont placés les deux nerfs *m*, *m*, qui portent la broche *h*, ſur laquelle on met les tuyaux pour faire les Canettes.

*O*, le montant qui eſt placé derriere celui qu'on vient de voir, lequel reçoit la vis qui le fait reculer & avancer ſelon le beſoin.

P, la vis qui ſert à tendre ou à lâcher la corde *M*.

*R*, le montant qui ſoutient par un bout la tablette *fig.* 4, de la Planche précédente, tandis que l'autre bout eſt ſoutenu par le tenon *q* de la tablette, lequel on place dans la mortaiſe *ſ*, qu'on a pratiquée exprès dans l'épaiſſeur d'un des montants E, *E*, du Rouet, *fig.* 1, de la même Planche.

*a*, la clavette qui retient les montants *E*, *E*, par-deſſous la baſe du Rouet.

*b*, *b*, *b*, *b*, les quatre vis qui aſſemblent la planche *F*, avec les montants E, E.

*C*, *C*, les deux montants qui, avec la traverſe *G*, forment le chaſſis qui porte la roue *H*, entre les deux montants E, E, lesquels glissent dans les rainures de ces montants.

*d*, *d*, les deux orillons qui reçoivent l'axe de la roue *K*.

*h*, la broche sur laquelle on met les tuyaux pour faire les Canettes : elle est dépourvue de sa poulie.

*i*, la petite poulie qu'on place sur la broche *h*, dans les rainures de laquelle passe la corde sans fin *M*, pour la faire tourner.

*m*, *m*, les deux nerfs qui portent la broche *h*, & qu'on place dans les trous qui sont pratiqués au haut du montant *N*.

*n*, la petite broche de fer qui, enfilée dans un des trous de chacun des nerfs *m*, *m*, les retient par derriere le montant *N*.

## PLANCHE VII.

La Figure 1 représente un Doubloir construit différemment que tous ceux qu'on a vus précédemment, & duquel on se sert ordinairement avec le Rouet représenté *fig.* 1, *Pl.* V. C'est de ce Doubloir qu'on a parlé dans la seconde Section du Chapitre troisieme.

### *Développement de ce Doubloir.*

Toutes les pieces représentées sur la même Planche, servent à la construction de cette figure.

*A*, est la planche qui sert de base au Doubloir.

*B*, *B*, *B*, *B*, sont quatre petites planches qui entourent la planche *A*, pour former une espece de caisse, de laquelle on se sert pour mettre les bobines qu'on a vuidées en faisant les Canettes.

*C*, *C*, *C*, *C*, quatre pommelles alongées qui servent de pieds à la base du Doubloir.

*D*, l'arbre ou axe sur lequel tourne la machine.

E, la planche qui forme le couronnement du Doubloir.

*F*, *F*, *F*, *F*, les quatre montants.

*G*, la planche qui est au-dessus de la base *A*, laquelle assemble celle E, au moyen des montants *F*, *F*, *F*, *F*.

H, *H*, *H*, *H*, les quatre petites planches qui entourent la planche E, sur laquelle elles forment un rebord d'une hauteur convenable pour retenir des bobines pleines de soie, & de petites corbeilles pleines de Canettes, qu'on entrepose souvent dessus.

*I*, *I*, deux des quatre tringles de fer qui traversent d'un des montants *F*, *F*, *&c.* à l'autre, & sur lesquelles on fait passer les bouts de la soie qui sortent des bobines en faisant les Canettes.

*e*, une des vingt petites chevilles qui ſont rangées cinq par cinq ſur le bord de chaque face de la planche *G*.

*f*, la clavette qu'on place dans le trou *a*, de l'arbre *D*, afin de le tenir ſolide lorſqu'on l'a placé dans la planche *A*.

## PLANCHE VIII.

TOUTES les figures repréſentées dans cette Planche, ſont de moitié de la grandeur qu'on doit leur donner, excepté la figure *6*, qui eſt ſans aucune proportion.

La Figure 1 repréſente un tuyau de roſeau tel que ceux dont on ſe ſert pour faire les Canettes : il eſt vu dans l'état qu'on le fait en le coupant de ſa tige.

La Figure 2 eſt encore un tuyau de roſeau tel que ceux qu'on emploie pour faire les Eſpolins. Il eſt auſſi repréſenté dans les mêmes proportions que ceux qu'on tire d'une tige de roſeau, ou de celle d'une canne.

La Figure 3 eſt un tuyau de roſeau propre à faire les Canettes; on l'a garni avec un ligneul ſur chacun de ſes bouts, afin de retenir la ſoie qu'on place deſſus, & afin de conſerver le tuyau lui-même.

La Figure 4 eſt un petit tuyau de roſeau pour faire les Eſpolins, auquel on a pris ſoin de former, avec un ligneul, un rebord à chacun de ſes bouts, pour les mêmes raiſons que ceux de la figure précédente.

La Figure 5 eſt une eſpece de cheville à deux têtes, ſur laquelle on roule le ligneul de ſoie qu'on fait pour garnir les bouts des tuyaux de roſeau, afin qu'ils ne ſe fendent pas lorſqu'on les place ſur la broche du Rouet à Canette, & afin auſſi que la ſoie qu'on met deſſus ne puiſſe pas gliſſer, quand on l'emploie au tiſſu d'une Etoffe, ou qu'on en broche une fleur.

La Figure *6* eſt un petit couteau ſcie, avec lequel on fait de petites encoches ou entailles ſur les bouts des tuyaux de roſeau, afin de retenir le ligneul dont on les entoure pour former les rebords qui leur ſont néceſſaires.

La Figure 7 eſt un tuyau de roſeau entaillé ſur ſes deux bouts, & préparé, par ce moyen, à recevoir le ligneul qui doit former ſes rebords. Ce tuyau eſt conforme à ceux qu'on emploie pour les Canettes.

La Figure 8 eſt un petit tuyau de roſeau, préparé de même que celui de la figure précédente, & aux mêmes fins. Ce petit tuyau eſt pour les Eſpolins.

La Figure 9 repréſente une main gauche qui tient, entre le doigt index & le pouce, une boucle formée avec un ligneul deſtiné à faire un rebord à un tuyau, & telle qu'il la faut pour la placer contre ce tuyau lorſqu'on veut le garnir.

La Figure 10 eſt un tuyau, contre un des bouts duquel on a placé la boucle qu'on a vu former par la figure 9.

La Figure 11 eſt un tuyau dont on a entouré un des bouts de ligneul pour former un rebord, où l'on apperçoit qu'on a placé un des bouts de ce ligneul dans la boucle qu'on avoit formée avec l'autre bout.

La Figure 12 eſt un petit tuyau où l'on a tendu le bout du ligneul qu'on a paſſé dans la boucle.

La Figure 13 eſt un tuyau où l'on a tiré le bout du ligneul qui formoit la boucle, afin d'attirer ſous le rebord qu'on y a fait, l'autre bout de ce même ligneul, pour qu'ils y tiennent l'un par l'autre.

La Figure 14 repréſente un tuyau ſur lequel on a coupé une partie du rebord qu'on y avoit formé, afin de faire remarquer la poſition dans laquelle les deux bouts du ligneul ſont arrêtés ſous les contours qu'on lui a fait faire.

La Figure 15 repréſente un grand tuyau de buis, fait au tour, conforme à ceux dont on ſe ſert pour faire les Canettes.

La Figure 16 eſt un petit tuyau de buis ou d'os, tel qu'on s'en ſert pour les Eſpolins.

La Figure 17 eſt un tuyau ſemblable au précédent, vu de profil.

La Figure 18 eſt une Canette de ſoie preſqu'à demi-faite ſur un tuyau de roſeau.

La Figure 19 eſt une autre Canette demi-faite ſur un tuyau de buis.

La Figure 20 eſt un Eſpolin demi-fait ſur un petit tuyau de roſeau.

La Figure 21 eſt un Eſpolin encore demi-fait ſur un tuyau de buis ou d'os.

La Figure 22 eſt une Canette de ſoie vue dans la groſſeur & dans la forme qu'on doit ordinairement lui donner ſur un tuyau de roſeau.

La Figure 23 eſt une Canette de ſoie finie, dans la forme & dans la groſſeur qu'on lui donne ſur un tuyau de buis.

La Figure 24 eſt un Eſpolin de ſoie, fait ſur un tuyau de roſeau, vu dans la groſſeur qu'on leur donne à tous ordinairement.

La Figure 25 eſt un Eſpolin de ſoie, ſur un tuyau de buis, dans la groſſeur qu'il doit avoir.

La Figure 26 eſt une Canette de lames d'or ou d'argent, repréſentée dans la groſſeur & dans la forme qu'on leur fait prendre ſur un tuyau de buis.

La Figure 27 eſt une Canette de lames en or ou en argent, faite ſur un tuyau de roſeau, dans la groſſeur & dans l'ordre qui conviennent à toutes.

La Figure 28 eſt une navette propre à former le tiſſu des Etoffes de ſoie : elle eſt repréſentée ici ſans proportions de la groſſeur & des dimenſions qu'on donne ordinairement à toutes celles dont on ſe ſert, parce que les Canettes auxquelles elle doit ſervir, & qui ſont telles que celles repréſentées dans cette même Planche, y ſont vues dans des proportions différentes.

La Figure 29 eſt la pointiſelle propre à la navette qu'on vient de voir ; c'eſt elle qui ſert d'axe aux Canettes, lorſqu'on lance la navette pour tiſſer les Etoffes.

La Figure 30 eſt une petite navette qu'on appelle *Boîte d'Eſpolins* : elle eſt auſſi repréſentée dans la grandeur qu'on donne à toutes celles dont on ſe ſert; c'eſt dans ſa rainure qu'on place les Eſpolins pour brocher les fleurs en ſoie, or ou argent, qu'on forme ſur une quantité d'Etoffes de ſoie.

La

La Figure 31 eſt une petite pointiſelle qu'on place dans la petite navette, pour ſervir d'axe aux Eſpolins.

La Figure 32 eſt une plume qui ſert de pointiſelle à la petite navette : on ſe ſert ſouvent de plume par préférence à toute autre choſe. On recherche pour cela les plumes des aîles de pigeons.

## PLANCHE IX.

LA Figure 1 repréſente un petit Garçon qui fait des Canettes avec le premier Rouet qu'on a décrit, & avec le premier Doubloir.

La Figure 2 eſt un bas-d'armoire dans lequel on enferme les rochets & les bobines pleines de ſoie dont on fait les Canettes : on apperçoit deſſus en *A*, une eſpece de boîte, dans laquelle on met les Canettes lorſqu'elles ſont faites.

La Figure 3 repréſente un autre petit Garçon qui fait des Canettes, en ſe ſervant du ſecond Rouet qu'on a décrit, & de la ſeconde Cantre ou Doubloir.

La Figure 4 eſt une tablette poſée contre un mur, avec un rebord de petites planches tout autour, ſoutenue par deux taſſeaux, ſur laquelle on place des rochets pleins de ſoie & des rochets vuides.

La Figure 5 eſt une corbeille d'oſier, dans laquelle on entrepoſe les rochets & les bobines vuides.

## PLANCHE X.

LA Figure 1 repréſente le premier Rouet dont on a parlé, vu géométralement dans la poſition où il doit être lorſqu'on l'emploie pour les Canettes.

*A*, eſt le Rouet lui-même.

*B*, le Doubloir placé tel qu'il le faut pour travailler.

*C*, la chaiſe miſe où il faut qu'elle ſoit lorſqu'on fait les Canettes.

La Figure 2 eſt le ſecond Rouet, vu auſſi géométralement de la maniere qu'on le place pour travailler.

*A*, le Rouet.

*B*, le Doubloir.

C, la chaiſe.

La Figure 3 repréſente la poſition qu'on fait tenir à la main qui conduit les brins de ſoie ſur le tuyau pour faire une Canette.

*A*, eſt le bras.

*B*, le montant qui porte les deux nerfs dans leſquels tourne la broche ſur laquelle on place les tuyaux.

*C*, la broche.

*D*, le tuyau.

*E*, quatre brins de ſoie qui ſe réuniſſent entre les deux doigts du milieu de la main, & qui paſſent enſuite entre le bout du doigt index & le bout du pouce, qui les tiennent ſerrés pour rendre dure une Canette.

## PLANCHE XI.

La Figure 1 eſt un petit Garçon qui fait des Canettes; il emploie le troiſieme Rouet qu'on a vu ci-devant, avec le troiſieme Doubloir.

La Figure 2 eſt un chandelier ſur lequel on poſe une bobine qui ſert à contenir les brins de ſoie, lorſqu'un de ceux qui compoſent le nombre dont on fait les Canettes eſt caſſé.

La Figure 3 eſt une jeune Fille faiſant des Canettes avec le quatrieme Rouet dont on a parlé, & avec le Doubloir qu'on lui donne ordinairement.

La Figure 4 eſt encore un petit chandelier au même uſage que celui *fig.* 2.

La Figure 5 eſt une bobine dont on ſe ſert avec le chandelier, lorſqu'on veut chercher un brin de ſoie qu'on a caſſé en faiſant les Canettes.

## PLANCHE XII.

La Figure 1 eſt le troiſieme Rouet dont on a déja parlé, vu géométralement, placé comme il doit l'être lorſqu'on l'emploie pour faire les Canettes: on voit auſſi le troiſieme Doubloir vu de même que le Rouet, & à ſa place.

*A*, eſt le Rouet.

*B*, le Doubloir.

*C*, le petit Chandelier.

*D*, la chaiſe du Canettier miſe à ſa place.

La Figure 2 repréſente le quatrieme Rouet vu par-deſſus, & ſon Doubloir de même: ils ſont placés l'un & l'autre dans la diſpoſition du travail.

*A*, eſt le Rouet.

*B*, le Doubloir.

*C*, la Chaiſe.

La Figure 3 repréſente l'action qu'on fait lorſqu'on a caſſé un des brins de la ſoie dont on fait les Canettes.

*A*, eſt la main gauche qui conduit les brins.

*B*, eſt la main droite qui les roule ſur une bobine.

*C*, eſt la Canette d'où l'on déroule la ſoie.

*D*, eſt la bobine ſur laquelle on l'entoure.

*E*, ſont les brins de ſoie qui tiennent aux bobines du Doubloir.

*F*, eſt celui qui eſt caſſé, & duquel on cherche le pareil.

La Figure 4 repréſente l'action de remettre ſur une Canette les brins de ſoie qu'on en a ôtés pour chercher celui qui étoit caſſé.

*A*, eſt la main gauche qui conduit les brins ſur la Canette.

*B*, le petit Chandelier.

*C*, la Bobine qui eſt placée deſſus le chandelier, & ſur laquelle on a roulé les brins de ſoie pour chercher celui qui manquoit.

*D*, le montant qui porte les deux nerfs de la broche.

*E*, la Canette ſur laquelle on remet la ſoie.

*F*, la broche ſur laquelle on place les Canettes.

*G*, le Doubloir où ſont placées les bobines lorſqu'on fait les Canettes.

*Fin de l'Explication des Planches.*

# TABLE
## DES CHAPITRES ET TITRES
### DE L'ART
## DU FABRIQUANT D'ÉTOFFES DE SOIE.

### *TROISIEME PARTIE.*

# QUATRIEME PARTIE.

## L'ART de faire les Canettes pour les Étoffes de Soie, & les Espolins pour brocher



*Fin de l'Explication des Planches des Troisieme & Quatrieme Parties.*

---

### *Faute essentielle à corriger dans la Troisieme & la Quatrieme Parties.*

ON s'est trompé d'une centaine dans le folio des pages de ces deux Parties ; ainsi au lieu de 131 que porte la premiere page de la Troisieme Partie, *lisez* 231, 232, 233, & ainsi de suite, jusqu'à la fin de la quatrieme.

*Fautes moins essentielles.*

PAGE 134, TRIOSIEME SECTION: *lisez* TROISIEME SECTION.

*Page* 183, *ligne* 16, couvertes de feuilles divisées par des nœuds : *lisez* couvertes de feuilles, divisées, &c.

*Page* 200, *ligne* 16, aussi de profil: *lisez* profil.

---

DE L'IMPRIMERIE DE L. F. DELATOUR. 1773.

# L'ART DE PLIER LES CHAINES POUR LES ETOFFES DE SOIE. Pl. 1 et 2.

Paulet Del.

# L'ART DE PLIER LES CHAINES POUR LES ETOFFES DE SOIE.

Pl. 3 et 4.

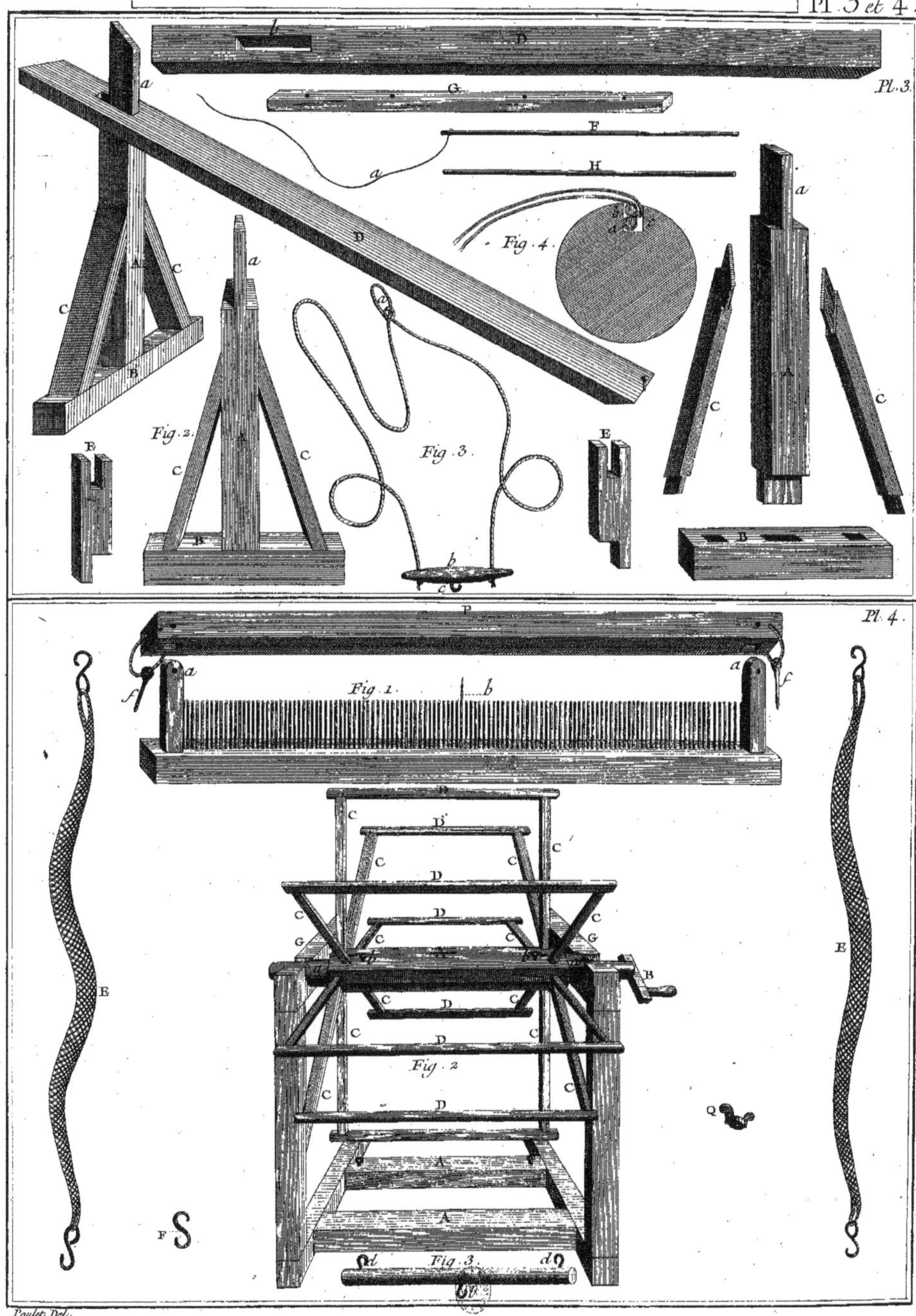

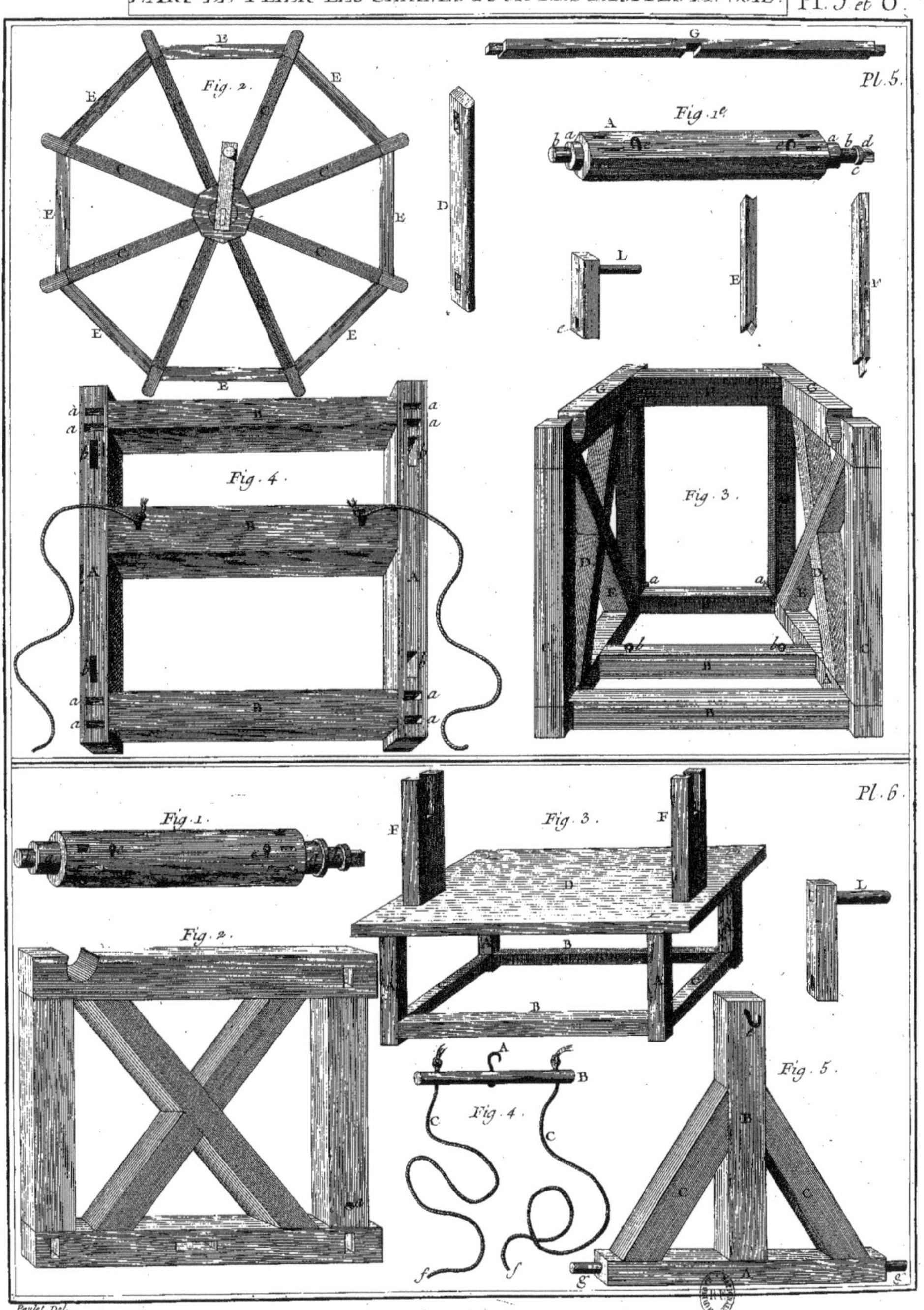
Pl. 5.
Fig. 1re
Fig. 2.
Fig. 3.
Fig. 4.
Pl. 6.
Fig. 1.
Fig. 2.
Fig. 3.
Fig. 4.
Fig. 5.
Paulet Del.

L'ART DE PLIER LES CHAINES POUR LES ETOFFES DE SOIE. Pl. 7 et 8.

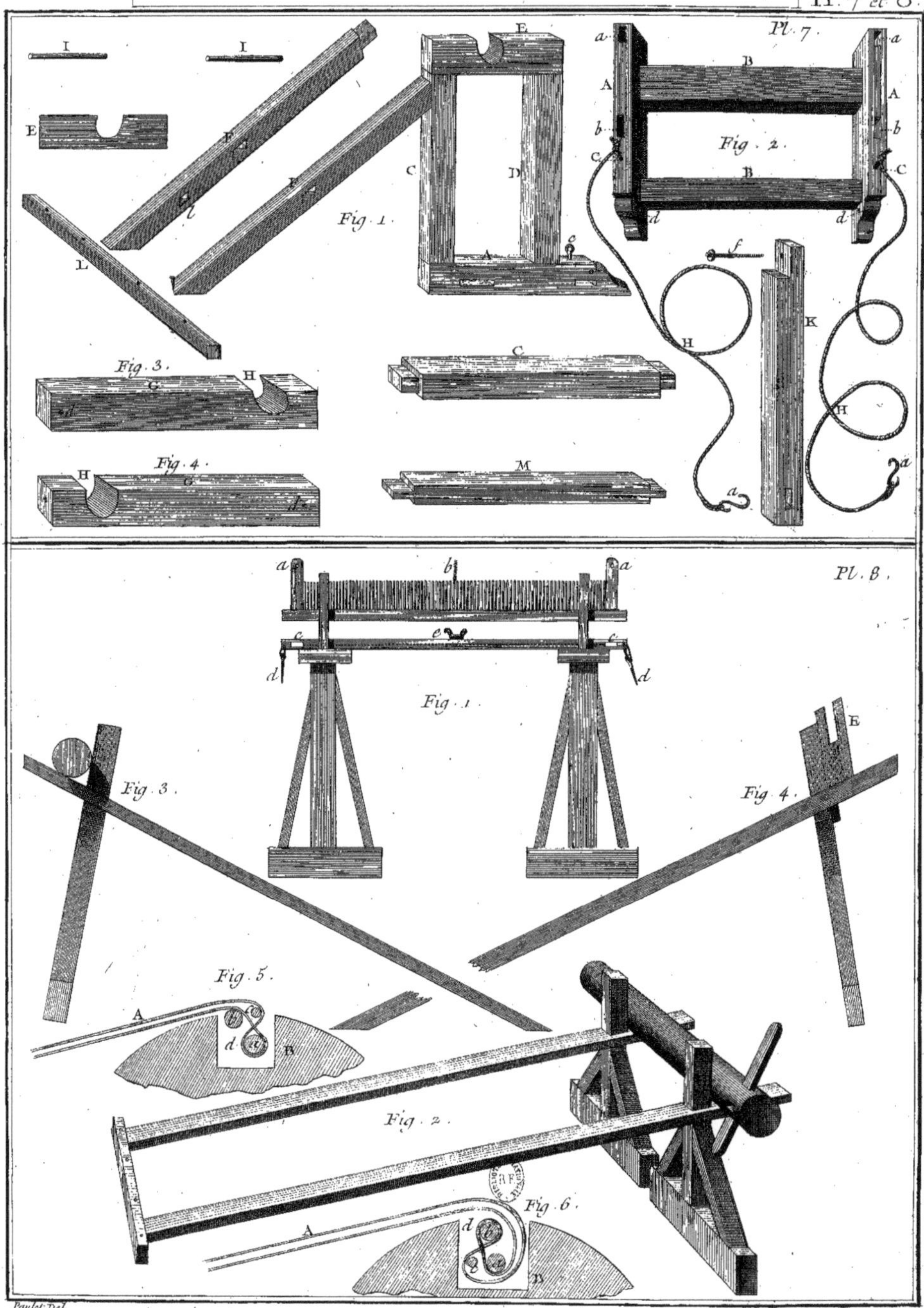


Paulot Del.

L'Art de Plier les Chaines pour les Etoffes de Soie. Pl. 9.

L'ART DE PLIER LES CHAINES POUR LES ETOFFES DE SOIE. Pl. 10

L'ART DE PLIER LES CHAINES POUR LES ETOFFES DE SOIE. Pl. II.

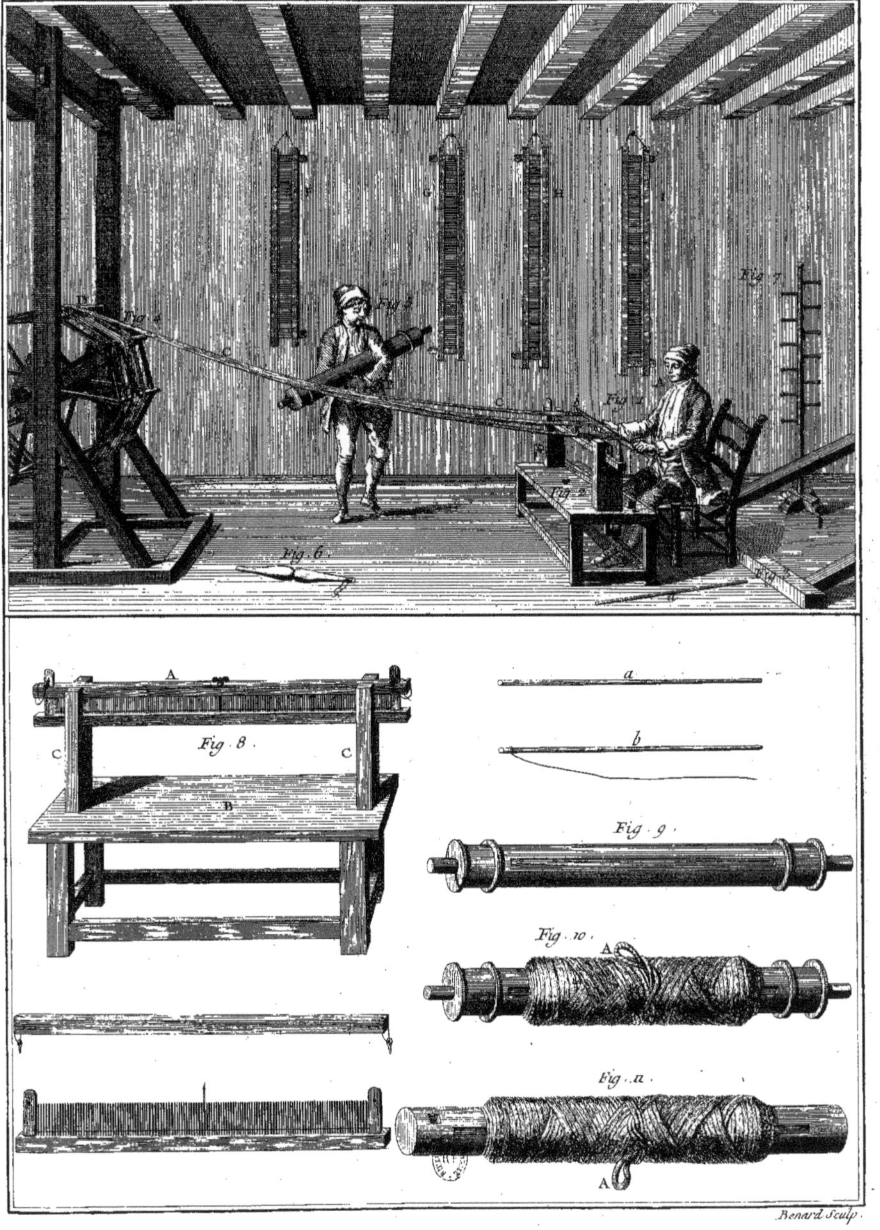


Benard Sculp.

L'ART DE PLIER LES CHAINES POUR LES ETOFFES DE SOIE. Pl. 12 et 13.

Benard Sculp.

C
A
B
I
I
H
H

L'ART DE PLIER LES CHAINES POUR LES ETOFFES DE SOIE. Pl. 15.

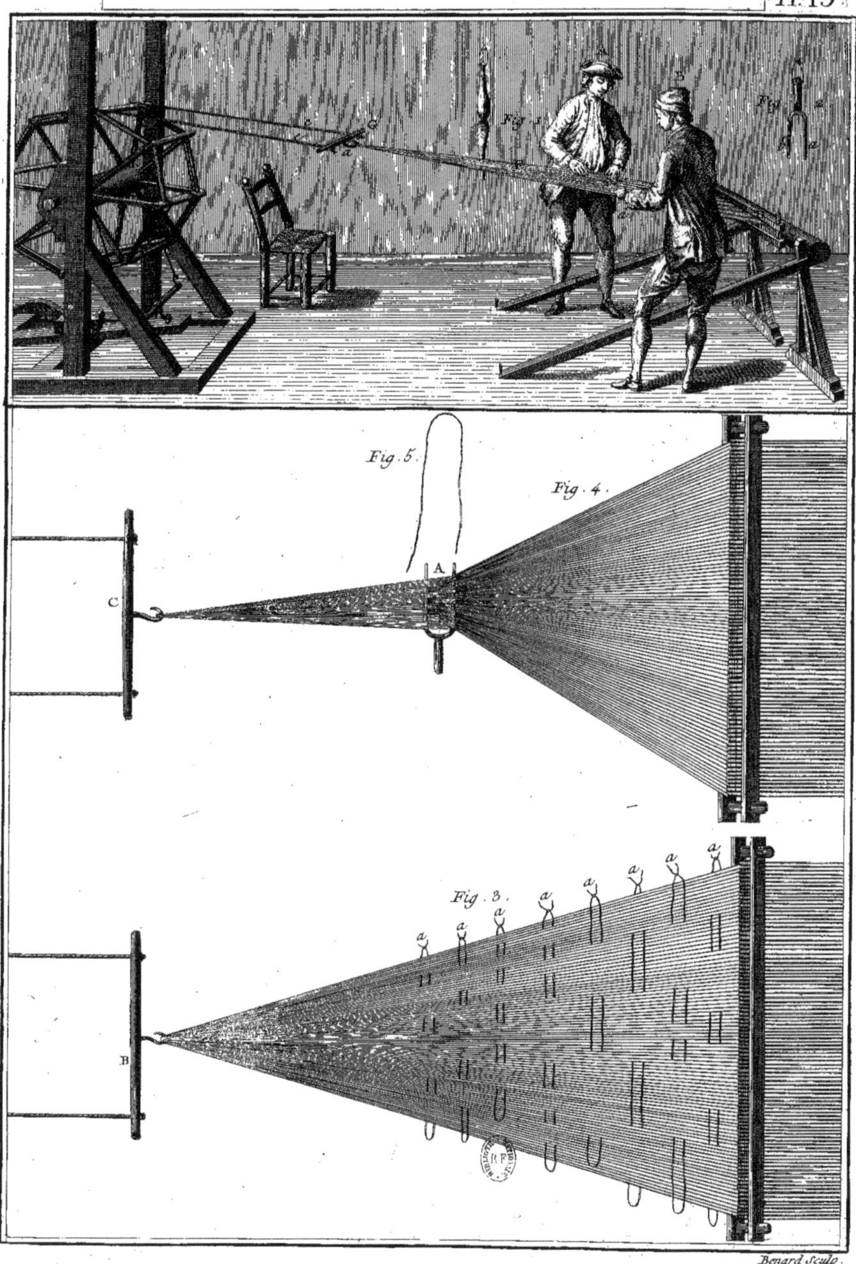

L'ART DE FAIRE LES CANETTES ET LES ESPOLINS POUR LES ETOFFES DE SOIE. Pl. 1. et 2.

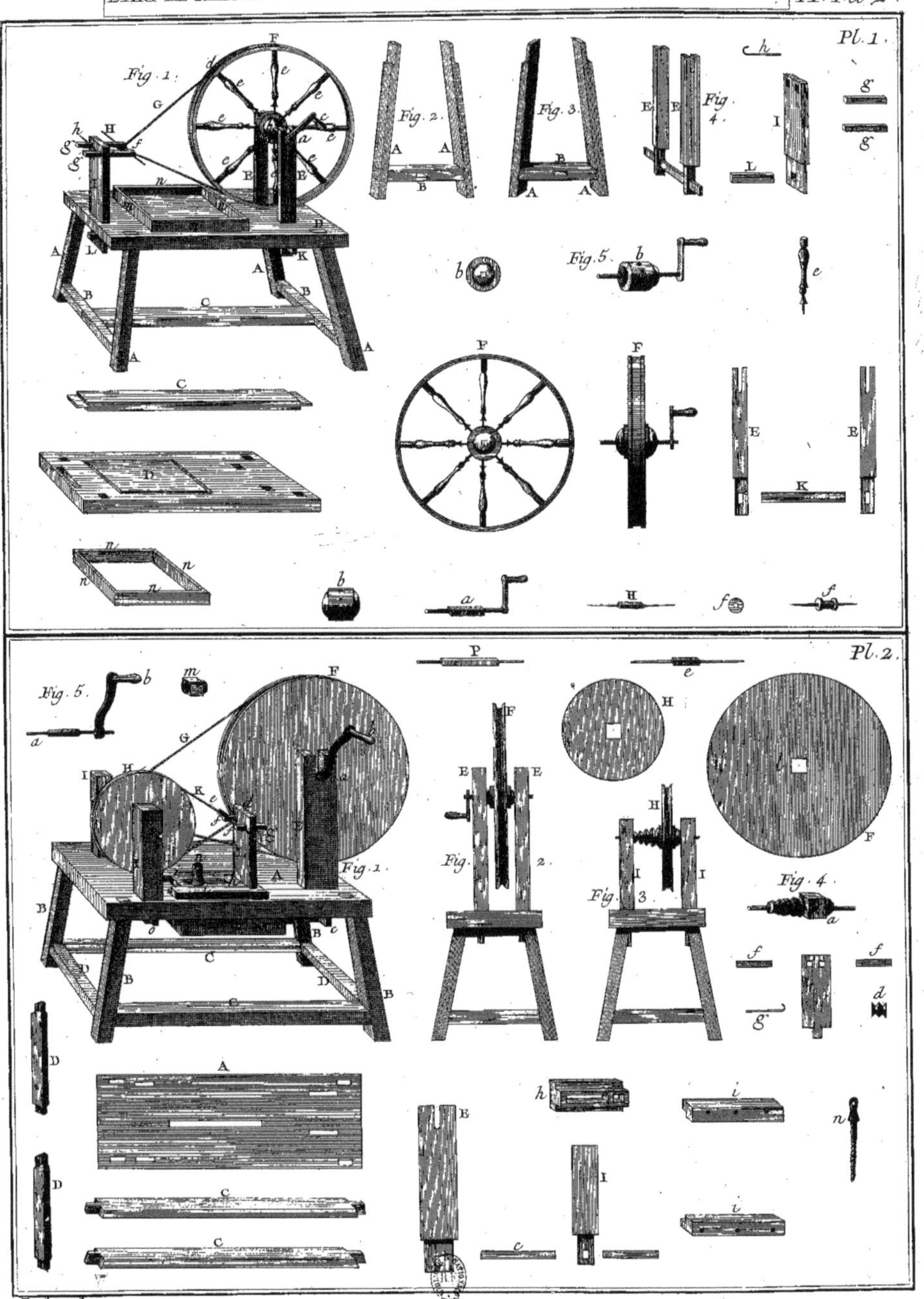

L'ART DE FAIRE LES CANETTES ET LES ESPOLINS POUR LES ETOFFES DE SOIE. Pl. 3 et 4.

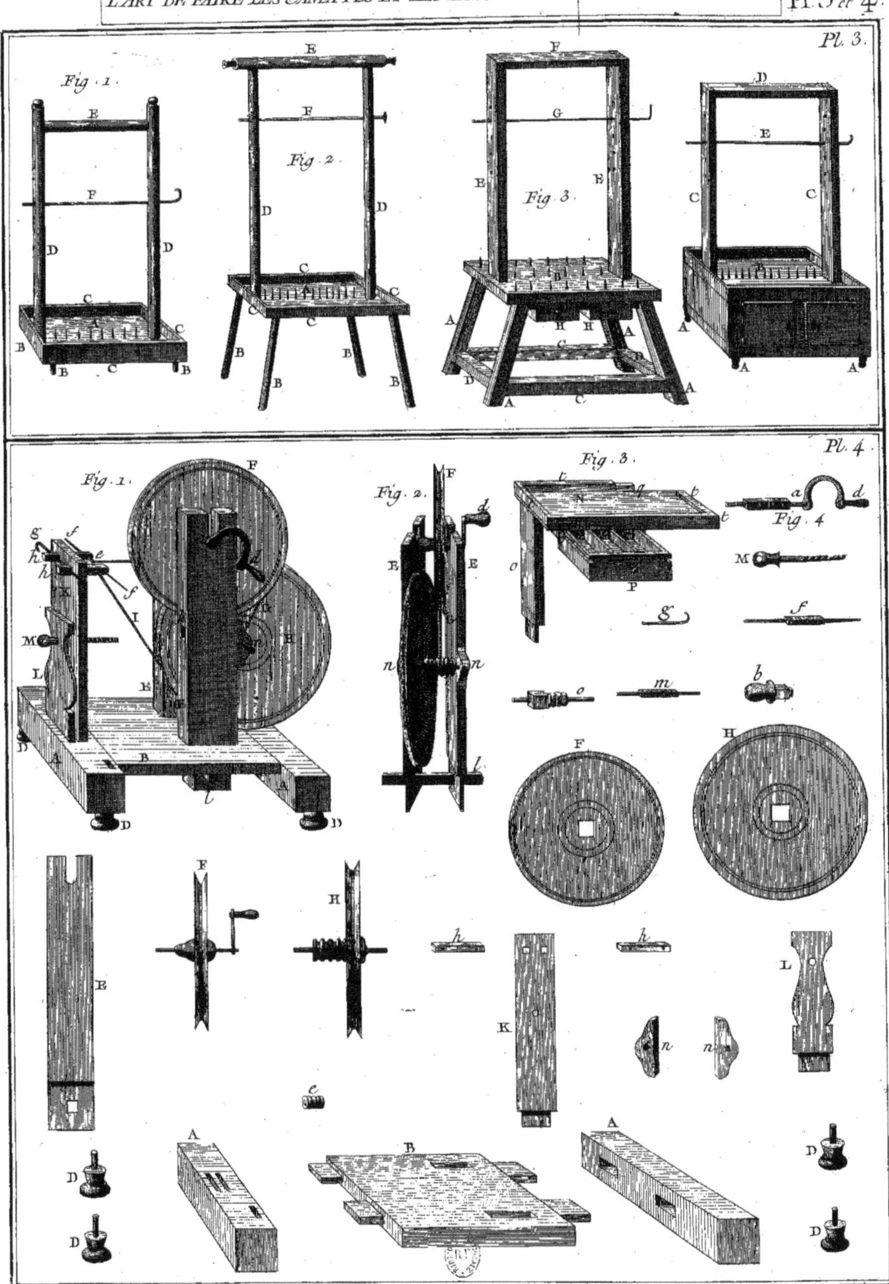


Paulet Del.

L'ART DE FAIRE LES CANETTES ET LES ESPOLINS POUR LES ETOFFES DE SOIE. Pl. 5 et 6.

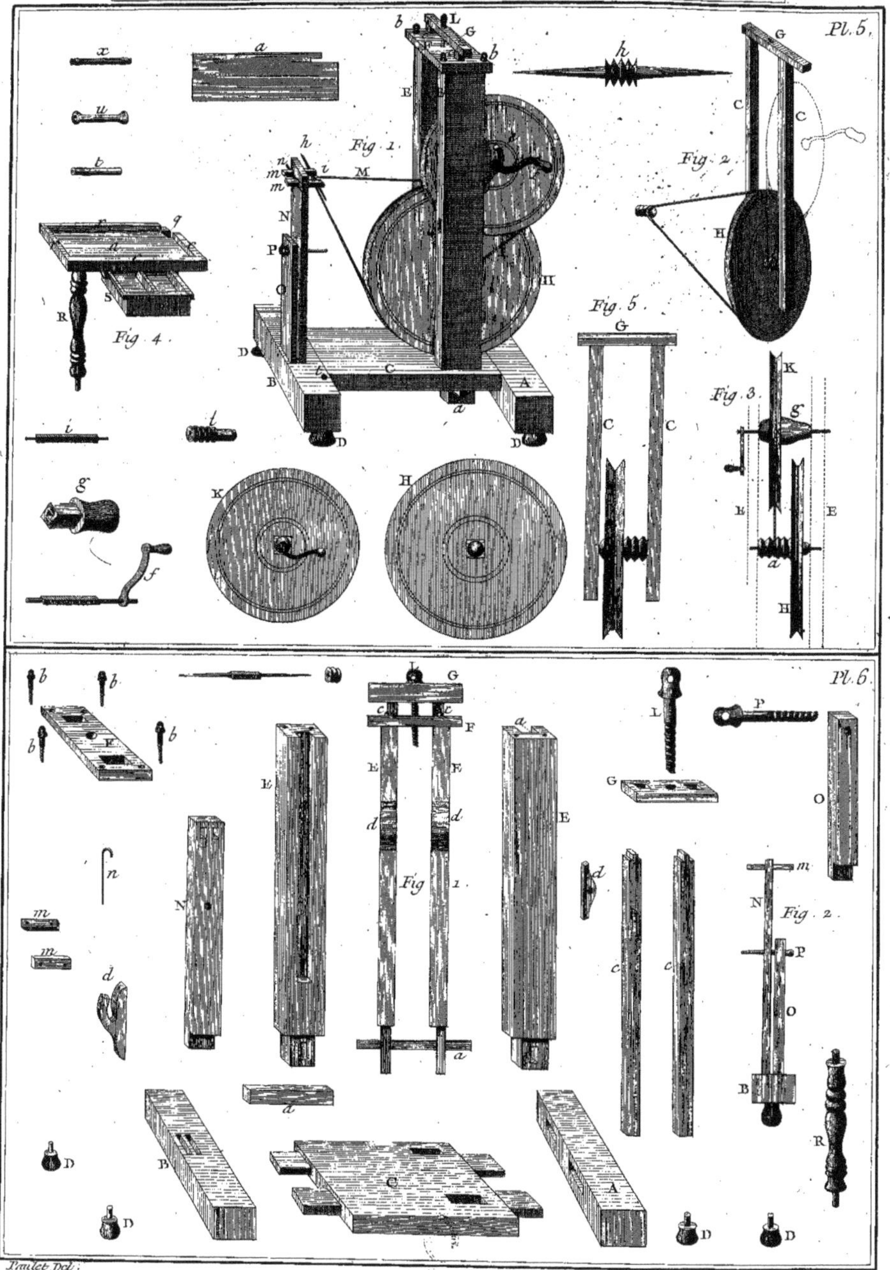

# L'ART DE FAIRE LES CANETTES ET LES ESPOLINS POUR LES ETOFFES DE SOIE Pl. 7 et 8.

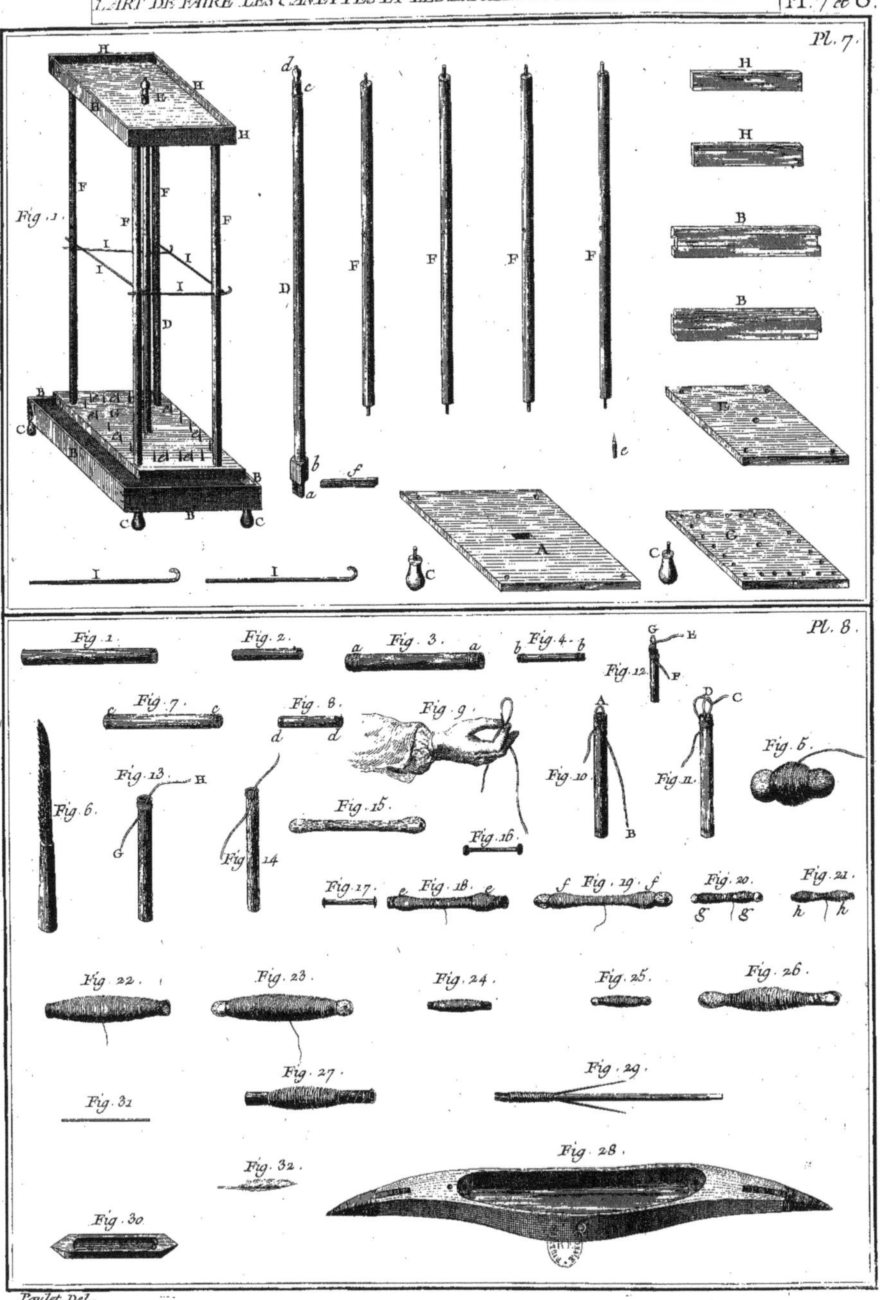


Paulet Del.

L'ART DE FAIRE LES CANETTES ET LES ESPOLINS POUR LES ETOFFES DE SOIE. Pl. 9 et 10.

Benard Del. et Sculp.

L'ART DE FAIRE LES CANETTES ET LES ESPOLINS POUR LES ETOFFES DE SOIE. Pl. 11 et 12.

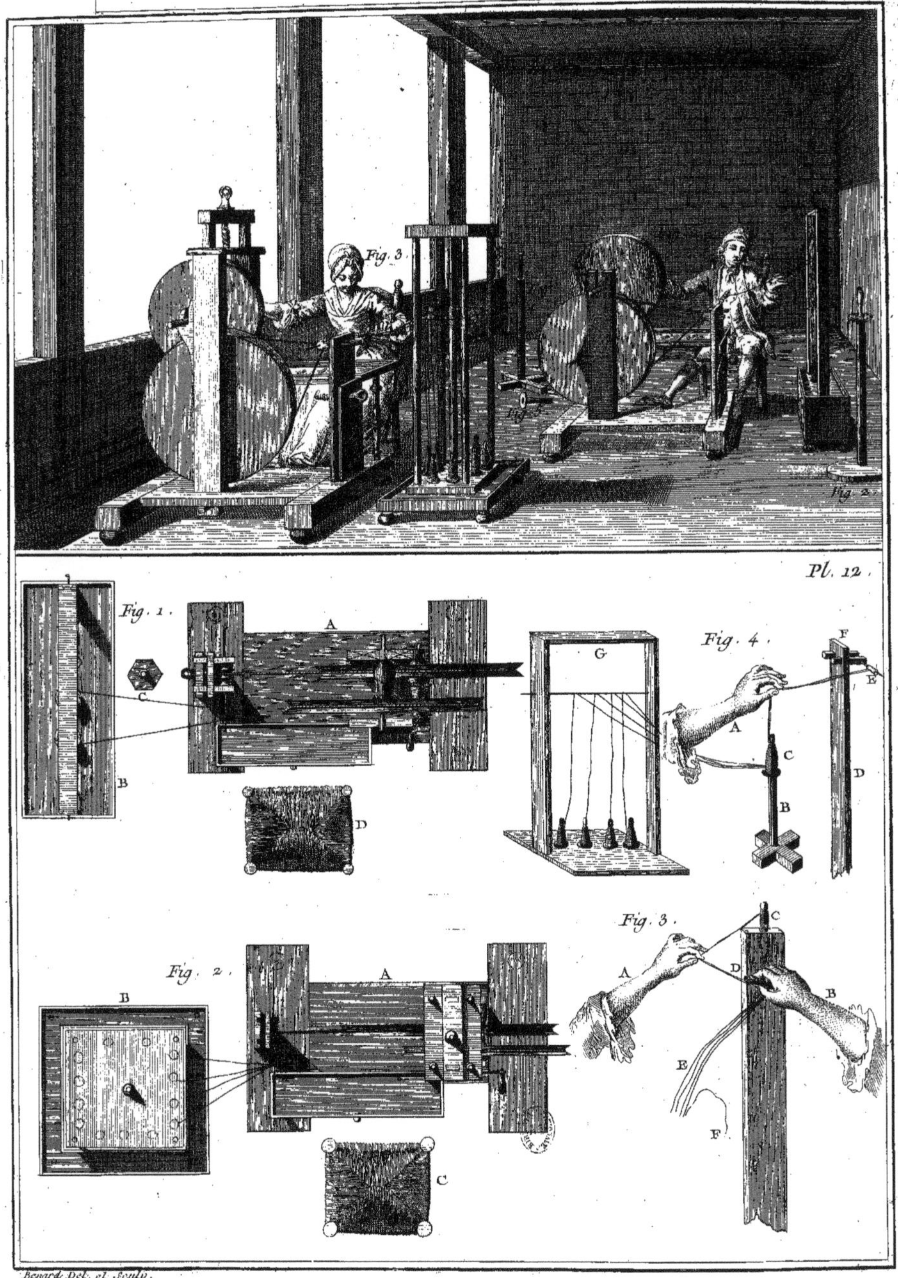


Benard Del. et Sculp.

www.ingramcontent.com/pod-product-compliance
Ingram Content Group UK Ltd.
Pitfield, Milton Keynes, MK11 3LW, UK
UKHW012046240726
13965UKWH00003B/1091

9 782013 058568